中国读本

穿梭世界文明

苏叔阳 著

人民文学出版社　天天出版社

图书在版编目（CIP）数据

穿梭世界文明 / 苏叔阳著. -- 北京：天天出版社，2024.1
ISBN 978-7-5016-2199-6

Ⅰ.①穿… Ⅱ.①苏… Ⅲ.①中国—概况 Ⅳ.①K92

中国国家版本馆CIP数据核字(2023)第234937号

责任编辑：马晓冉	美术编辑：邓 茜
责任印制：康远超 张 璞	

出版发行：天天出版社有限责任公司
地　址：北京市东城区东中街42号　　　邮编：100027
市场部：010-64169902　　　　　　　　传真：010-64169902
网　址：http://www.tiantianpublishing.com
邮　箱：tiantiancbs@163.com

印　刷：三河市春园印刷有限公司　　　经销：全国新华书店等
开　本：710×1000　1/16　　　　　　　印张：8
版　次：2024年1月北京第1版　　　　　印次：2024年1月第1次印刷
字　数：58千字
书　号：978-7-5016-2199-6　　　　　　定价：32.00元

版权所有·侵权必究
如有印装质量问题，请与本社市场部联系调换。

　　我曾经年轻的生命正一天天走向衰老,而我古老的民族却一天天愈加美丽又年轻;我少年时的梦常常堆满惶惑和惆怅,而我的共和国之梦总是色彩斑斓又温存多情;年轻时总想生命的意义是了解世界,现在才知道了解世界的意义在于为我的民族奉献一生;小时候读一点点书就觉得聪明,现在知道了花费一生也难以说清中华民族优秀的文明;我曾经迷惑于我们民族的"劣根性",如今知道了民众是我们维护中华文明的真正的英雄;我必须热爱我们民族悠久的文明,因为我是中国人,只能有颗中国心一个中国的魂灵;感谢母亲生我在这片大地、这个民族,感谢祖国赐我这支笔写出我热爱中国的心情;我相信中华文明永不会衰老,因为她就是我们的太阳,每天都会升起,照亮新的征程。

苏叔阳

2015年2月16日星期一
南水已进京,新春又来临

目录

引 子 …………………………………… 1

第一章 璀璨的文学艺术成就 …………………… 5

    一 璀璨的艺术成就 ………………………… 9

    二 中国独特的美学观 …………………… 38

    三 中国传统艺术对世界的影响 …………… 46

第二章 优秀的军事文化 ……………………… 51

    一 独特的传统战争哲学 ………………… 54

    二 军事文化中的谋略思想 ……………… 60

    三 军事文化对世界的影响 ……………… 65

第三章 对人类的卓越贡献 …………………… **69**

    一　古代的四大发明 ………………………… 72

    二　中国历史上其他发明与贡献 …………… 77

    三　中国古代的科技思维及其影响 ………… 92

第四章 光辉灿烂的未来 ……………………… **97**

    一　中华文明是唯一未曾断裂的古老而又现代的

       文明 ………………………………………100

    二　中华文明在博采众长中延续发展 ………103

    三　中华文明与世界文明的多元化 …………111

后记 …………………………………………… **117**

引子

公元1298年，44岁的威尼斯富商马可·波罗（Marco Polo，公元1254~1324年）因参加威尼斯和其商业劲敌热那亚的战争，兵败被俘，被囚禁在热那亚的监狱里。在忧烦苦闷中，他向同狱的监友，一个会用当时流行的法语写文章的人卢斯第谦诺（Rusticiano），口授他年轻时的峥嵘岁月和不凡经历，以及多姿多彩的见闻。卢斯第谦诺的记录便是日后的传世之作《东方见闻录》，也译为更加知名的《马可·波罗行纪》。

据书中记载，威尼斯富商尼古拉·波罗，他的弟弟玛窦·波罗和他的儿子马可·波罗，从故乡长途跋涉，走了整整4年才在公元1275年春天来到大元帝国的大都（北京），受到皇帝元世祖忽必烈的接见。这些从遥远的国度来觐见自己的商人，让雄才大略的蒙古族中国皇帝格外高兴，特别是那个有一双活泼的蓝眼睛和宽额头的年轻人分外招他喜欢。于是，忽必烈任命这三位外商以客卿身份在元朝供职。马可·波罗不辱使命，很快学会了蒙古语和汉语，除了在大都应差，还经常奉命到外地巡视，甚至出使国外，还曾任扬州总管，在东南各地住了3年。扬州是当时的大都会、水陆码头，那繁盛的生活景象给他留下了不可磨灭的印象。不管世人怎样臧否马可·波罗，如今热情的扬州人在天宁寺里为他立碑。据说马可·波罗在中国生活了17年，于1292年奉命由海路护送元朝阔阔真公主远嫁伊尔汗可汗（即阿鲁浑，旭烈兀的继承者）才得以辗转西归。3年后（公元1295年）回到威尼斯，41岁的马可·波罗凭借由中国带回的金银财宝成了威尼斯尽人皆知的富豪。又过了3年，马可·波罗在监狱中口吐莲花，让狱友记录，写成这部旷世奇书。

　　这部监狱里诞生的书一问世，就不胫而走，几个月里就传遍意大利，很快被翻译成各种文字，相信和怀疑的论说风起云涌，形成了一门"东学"，引起欧洲人对东方特别是中国持久不衰的兴趣。哥伦布读了此书，带着西班牙国王致中国皇帝的国书于1492年率船乘风破浪驶向中国和印度，却无意中踏上了美洲的土地。这位倔强的航海家，至死也不相信上帝会给他这样的嘲弄，直到生命的最后一刻他还坚信他踏上了印度的大地，他登陆的岛屿是日本而不是古巴。可怜的哥伦布是被马可·波罗误导了还是过于相信自己的航海经验，犯下了时代的错误，这只好在天堂里争论，假如真有天堂的话。

　　怀疑马可·波罗的声音一直延续到今天。说他从未到过中国，他说的一切都是道听途说，都是想象，甚至是别有用心的计谋和谎言。我想说的是，无论他是否到过中国，无论他的这部《行纪》所言的真伪，又无论历史和今天因他和他的书所引发的争论结果如何，我认为都是时代潮流的产物和反响。潮起潮落自有深厚的背景。假如没有西方航海时代的潮流，身处黑牢的马可·波罗不会"回忆"或者编造自己的《行纪》，也不会有"东学"的产生。同理，没有今天中国和平崛起迅疾的脚步声，也不会又一次出现关于《马可·波罗行纪》内容的真伪和"新东学"再热闹的波浪。这两次的热闹，都是时代潮流的反映。准乎此，马可·波罗其人其书，都具备深入研讨的资格，值得仰视。甚至可以说：只要中国永远走在大路上，其人其书，就有备查备用的意义。

今天，世界因中国的问候和一天天的进步而增添了了解她的兴趣，中国是一个怎样的国家，她有过怎样的过去，走过怎样漫长的道路，她悠久的文明都是些什么？亲爱的读者朋友，这些问题在您读过了本书之后，就会得出自己的答案。阅读本书，就是您走进中国，走进一个新的世界的一次发现之旅。

第一章 璀璨的文学艺术成就

第一章 璀璨的文学艺术成就

艺术是人类创造的美。一个历史悠久的、文化高度发达的民族,自然也会有丰富的美的艺术。

按照人们对文艺学对象的广义理解,有六种古典艺术,这就是:诗(从诗里又分化出散文、小说与戏剧)、舞蹈、音乐、绘画、建筑、雕塑。这六种艺术的诞辰,大约永久也无法说清,其诞生的先后次序,怕也很难讲得分明。舞蹈可能产生在诸种艺术之前,接着是音乐,再接下去是绘画、建筑、雕塑。诗的产生怕要最晚,因为只有文字诞生以后,并且结构为词,有了相对稳定的语法修辞之后,才会有真正意义上的诗——文学。

中国有悠久的历史,有无数优秀的文学家、艺术家,所以,六种古典艺术在中国古代都有杰出的成就。而且,由于中国传统哲学天人合一、对立互补思想的渗透、指导,使得中国的艺术含有更深更富于想象的美。

 穿梭世界文明

  中华民族是一个懂得美、会创造美的民族。艺术简直是中华民族的灵魂。只有懂得并学会欣赏中国的艺术，才能领略这艺术中融会的哲思，独特的宇宙观以及崇尚自然、和平、恬静、活泼的精神，才可能真正理解中华民族。

一　璀璨的艺术成就

艺术的起源

关于艺术的起源,有许多种说法,有的说是起源于原始人群对生产劳动的模仿;有的说是对战争的演习,是对丰收和胜利的祝祷;有的说是祝神祭鬼;有的说是人群集体游戏;还有的说,最早的艺术起源于对性的崇拜。不管怎么说,最原始的艺术体现了人类对美的向往追求与创造。所有的原始艺术,无不带有人们对世界的崇敬和对自然力量的敬畏,以及对自己内心梦幻的迷惑,融会着一种神秘感。所有的原始艺术大都与某种仪式有关,因而又颇

 穿梭世界文明

具庄严、神圣的味道。艺术中这种神秘、庄严与圣洁感大约便是艺术永恒的内在的魅力。也可以这样说，艺术首先是种奉献，是从艺人员对自己的向往奉献真诚，这就是神圣，而技巧与能力还在其次。

艺术离不开人们飞扬的想象力。当人类有了想象的能力，艺术也就诞生了。北京周口店出土的距今2.7万年至3.4万年左右的山顶洞人遗存，有一处墓葬，三具古尸的遗骨上还残留着赤铁矿粉，说明他们已经会打扮自己，有了美的观念。他们的头一律朝向太阳落山的地方，说明他们认为那里是死者将要去往的地方。他们已经有了灵魂的观念。这是了不起的想象力。当他们明白了生死，有了灵魂观念，他们就在原始的歌舞中创造出最初的艺术，这艺术也必是动人的。

中国古老的艺术中处处渗透着这般摄人魂魄的魅力，这是因为在中国的艺术中凝聚着对朴实、自然最真诚的向往。

第一章 璀璨的文学艺术成就

艺术的样式

1. 舞蹈

1973年,青海省大通县上孙家寨新石器时代墓穴中出土了一个舞蹈纹彩陶盆。陶盆内四周画着三组舞蹈人物,每组五人,手拉手地围绕盆沿形成一个圆圈。这说明中国先民在距今七八千年以前的新石器时代就已经用舞蹈表情达意,作为社群活动的一部分了。当夕阳西下,篝火初燃,狩猎一天的先民手拉起手载歌载舞,宣泄出他们对生活的渴望,是多么纯净而又质朴的情感。这传统如今在中国许多民族中还保留着。如今,旅游业愈来愈多地向游客展示这古老的民风与艺术,让那些在喧嚣的城市中被污染了的心灵得到一次古朴清风的涤荡。许多人在淳朴的舞蹈面前激动得热泪沾衣。

殷商时代,舞蹈已经成为祈祷活动的主要内容之一,或作为仪式而贯穿于祝祷活动的始终。宫廷舞于此时产生

 穿梭世界文明

并得到发展,开始有了专为君王贵族表演的专业舞蹈者。秦汉时期,宫廷舞蹈发展更为迅速,舞伎歌女成为宫廷必备的歌舞团,虽也担任各种典礼的仪式演出,但其主要任务则是娱乐君王。唐代的宫廷舞蹈达于鼎盛,至今还可以从遗存的壁画、绘画中看到唐宫夜宴歌舞的盛况。玄宗李隆基是个风流倜傥、多才多艺的皇帝,演奏笙笛管箫的本领堪称首席,还是作曲家兼乐队指挥,更是舞蹈的编导者。所以后世梨园界将他奉为祖师爷、班头,虽有谬托皇帝以抬高身价的幽默,却也有事实的依据。经李隆基的大力倡导,唐乐唐舞都有极高的造诣。唐舞许多语汇仍为今日使用,单是反弹琵琶这个舞姿,就是世上独特的舞蹈语言。所以,今天的"仿唐乐舞"依旧陶醉了海内外的看客。千年前的舞步叩动今人之心,不能不说是奇迹。唐舞的影响远达朝鲜、日本、波斯诸国,至今仍可在他们的舞蹈中寻觅出唐舞的流韵。

唐以前的南北朝时期,北齐大将兰陵王高肃(字长恭),刚烈神勇,貌若妇人,因貌美而不能在战场上威慑

第一章　璀璨的文学艺术成就

敌人，遂用桃木刻制一个状极凶残的"大面"（读代面，假面具的意思），戴着它冲锋陷阵。后来就有戴着假面的舞蹈，谓之《兰陵王入阵曲》，成为极有名的古典舞。后来唐玄宗为推广唐太宗李世民的《秦王破阵曲》而禁演《兰陵王入阵曲》。此舞流入日本，成为日本的传世经典之一，今天这古老的舞蹈又返归故国。

　　中国的舞蹈有文舞、武舞、空手舞、器械舞，其中许多是器舞，刀舞、剑舞、棍棒舞，都产生过大师级的人物。譬如剑舞，汉代即有记载（见《汉书·高帝纪》）。唐时的剑器舞就产生过公孙大娘这样善舞剑器的大师。杜甫的《观公孙大娘弟子舞剑器行》说："爢如羿射九日落，矫如群帝骖龙翔。来如雷霆收震怒，罢如江海凝清光。"公孙大娘的弟子舞得这般精彩，他们的老师公孙大娘一定更其精彩。剑器舞有时除执剑外还执旗帜、火炬而舞（见姚合《剑器词》）。宋代大曲《剑舞》已表现简单的情节，如鸿门宴和公孙大娘舞剑器的故事（史浩《鄮峰真隐漫录》）。中国的民间舞蹈中也惯于使用手持道具。除一般农具如

 穿梭世界文明

镰、斧、锄外，生活用具如伞、笠、帽、巾等等都是常用的道具，而且舞得花样百出。比如，没有了耍手绢似乎就没了东北的秧歌。这是很有特色的。

中国舞蹈中袖及其延长物——长巾的使用，也构成独特的舞蹈语言。"长袖善舞"就是对流传千百年的这一表现形式的概括。京剧大师梅兰芳的水袖舞蹈据说有上百种舞姿，可以表达人物各种心态及情绪。各地的民间舞蹈如河北及广东的狮舞（分北、南两派），云南的采茶，安徽的花鼓灯，东北的大秧歌，陕西、山西的威风锣鼓，北京的太平鼓等，都在世界上获得过极高的奖项和称赞。

新疆、西藏、内蒙古，西南诸省区，东北地区，西北地区各少数民族，均能歌善舞，他们的民间舞蹈也都极具特色。

今天，舞蹈艺术的发展是极为可喜的。舞蹈正突破原有的题材、思路、语汇的模式，向更深、更新、更美的境界发展。民间舞也得到大发展，现代舞和芭蕾舞也呈现出中国的特色。中国舞者屡屡在世界舞坛上获奖，一批批新

 穿梭世界文明

的舞蹈家正在成长。中华民族从古至今都是善舞的民族。

2. 音乐

中国古代音乐演奏的实况已经无法听到,但我们可以从出土文物中重新领略古代的音乐,从典籍中知道古代音乐演出的特色。

中国曾发掘出一个距今6000年左右的姜寨遗址,在姜寨遗址发现了3个陶埙,吹奏一下,竟能吹出6个不同频率的乐音。过去曾有人断言,说中国古代的音乐只有5个音符,即:宫、商、角、徵、羽,分别代表1(哆)、2(唻)、3(咪)、5(嗦)、6(啦)。这神奇的陶埙击破了这个武断的结论,证明在约6000年前中国的音乐至少有6个音,即其中有一个是半音阶(变徵:4——发)。

孔子精通的"六艺",其中就有"乐",即音乐。春秋时代有位著名的乐师叫师襄子,曾经教孔子奏琴。过去不少人批孔,连孔子的音乐才能也一并否认,说他充其量当过"吹鼓手",鄙夷的心态与表情跃然纸上。这不但是一

第一章 璀璨的文学艺术成就

种不好的学风,而且是低俗的世风。孔子至少是位通音律的音乐爱好者,即今人称之曰"发烧友"者。他盛赞《韶乐》,认为《韶乐》尽善尽美,表现了尧舜时代大德禅让的精神,因而陶然于《韶乐》,竟三个月不知肉味。孔子不喜欢陈、郑两国的音乐,说是不雅,大约与陈、郑歌曲中的诗(歌词)有关,或许陈、郑的音乐多轻灵飘逸,有些不庄重,现在已无法查考。但《韶乐》必定是庄严恢宏,可以用来祭天、祝祷、祈福、演礼的。就算孔子对音乐的看法有片面性,但他将"乐"作为教育的主要内容之一,使学生在乐中涵德养性,调节性情,以达完美的人格。这种将音乐与美育统一在一起的教育思想与方法,对今天的教育体系及实践也有莫大的启迪。

战国时接替荆轲刺杀秦王的高渐离,是位击筑的能手(筑是类似古筝一样的琴,要用小木尺击打)。他被弄瞎了双眼也要冒死刺杀秦王,秦王明知他有刺杀自己的心愿,却偏要听他击筑。在这充满烈义悲情的故事中,既有荆轲出于义而刺秦王,又有高渐离忠于义而为友复仇,更有秦

 穿梭世界文明

王刚愎却又不失雅兴冒死听乐的豪情。在这悲、烈、义、豪诸种浓醇的感情之上，环绕着飘浮着沉稳古雅的筑声，这是多么强烈的艺术氛围，难怪许多艺术家要将它搬上银幕或舞台。可惜，至今还未见上佳的搬演。

战国时代的编钟，在湖北出土，完好如初，请音乐家演奏，竟然可演奏贝多芬的乐曲；从河南安阳殷墟出土的大石磬也有准确的音律，音色雄浑悦耳。"滥竽充数"的故事表明了春秋战国时"大乐队"演奏的盛况，倘没有百人吹竽的场面，何来充数的滥竽？汉朝，不仅中国本土原有的乐器，如钟、鼓、箫、笛、笙、竽、筝、琴、瑟等等已很普及，连少数民族的箜篌、琵琶、云板、铜钹、羯鼓、云锣等也传入中原，编进乐队，渐渐成为中国的民间乐器。《古诗为焦仲卿妻作》（《孔雀东南飞》）中形容焦妻少小便学习箜篌，似乎习乐已经成了一般女儿家的必修课，如同针黹、绣花一样。唐玄宗常常动员乐师、舞伶万人以上演出并担任领奏和指挥，那盛况是今天的导演很难想象得出的。宋元以后，民间创造了"唱浑"形式，音乐

第一章 璀璨的文学艺术成就

与说唱、戏剧合流。元有南曲、北曲之分，明代产生了昆曲，清代有了诸多艺术综合起来的京剧。京、昆音乐和许多地方剧种的音乐可说是中国音乐的宝库，令世人赞叹。

各地的民歌，如青海、甘肃的"花儿"，云南的民歌，特别是流传千年的"纳西古乐"，四川的民歌，陕北的"信天游"，都极有特色。而新疆、西藏的民歌及苗族特有的二度和弦民歌，都可说是世界上音乐的珍品。

江南道士出身的民间盲艺人华彦钧（阿炳）创作的二胡曲《二泉映月》，可说是中国近代最优秀的器乐曲，跻身世界著名音乐作品之林而毫不逊色。当今世界音乐指挥大师级人物——日本的小泽征尔，每听《二泉映月》就泪水如雨，每次指挥乐队演奏该曲时他都泪汗交加，谢幕时长躬不起，长久地迷醉于那委婉的旋律。

中华民族又是一个极善歌唱又富音乐传统的民族。

3. 绘画

中国的绘画有举世无双的理论、技巧与风格，中国的

 穿梭世界文明

绘画也有举世无双的成就。

从出土的仰韶、马家窑（青海地区）彩陶来看，中国至迟在新石器时代就有了精美的绘画。那些彩陶中有许多动物纹样：活泼的鱼，奔跑的狗，灵巧的青蛙，爬行的蜥蜴。这些动物的形体渐渐被高度抽象的几何纹所替代，又化为流动的线条，如曲线、直线、波纹、锯齿状等。这正是从写实到写意，又从写意发展到几何形和纯粹的线条的艺术过程。

古老岩画的发现，红山文化的发现，都证明了中国先人早就用活泼的线条表达自己恣肆的思绪。从长沙马王堆汉墓中发掘出来的2000多年前的彩帛绘画，不论人物刻画，还是构图着色，都达到了很高的造诣。汉代的绘画，线条准确简练，富于幻想，给后代绘画以极大的影响。

魏晋时代的绘画发展得最为突出的是人物画，其中包括佛教人物画。唐代的绘画，无论人物还是景物，都发展到更高的境界。唐太宗喜爱的《六骏图》堪称绝品，可惜已经失传。宋代的《千里江山图》《清明上河图》都表明

第一章　璀璨的文学艺术成就

了祖国山河之壮美，城镇生活之繁盛，为前代所未有。

元明清三代，文人画盛行，主张精神上的灵逸，在艺术上达到空前的深邃、轻灵、幽远的境界。

历代的绘画大师，如顾恺之、阎立本、吴道子、李思训、郭熙、张择端、赵佶、沈周、八大山人（朱耷）、徐渭（徐文长）、郑燮（郑板桥）和近现代的张大千、齐白石、徐悲鸿等，都为中国绘画做出卓越的贡献。他们的名字也如灿烂的星辰闪耀在天空。

中国绘画以墨线为主，力求生动、变化。绘画同诗词、书法、印章有机结合，这在世界画苑中独树一帜。如今有许多西方美术家借鉴这种画风与技法，在自己的画作上题写款识加钤印章。洋文字母，中式写法，颇类"西餐中吃"，别具一格。中国水墨画同日本的"浮世绘"构成东方画派的主流，与西洋油画比肩而立，形成人类绘画艺术的两大种类。

世界上不会画中国画的画家很多，不欣赏中国画的画家却几近于无，盖因中国画表现了太多的哲思和想象力。

 穿梭世界文明

即使从接受美学的角度看，中国画也可以给读者以介入创作填补"空白"的愉悦感，是理想的完美的艺术。

在北京、台北的故宫博物院里，在各省的博物馆里，都保留着许多珍美的画卷。在一些西方国家的公私藏馆中，也有许多中国的精美画卷和书法作品。

4. 建筑

由于宗教思想的融入，西方古典建筑中多是单体的高楼，表现出地上的人类对天堂诸神之所的仰慕，或者体现出人类与天神同欢共舞的渴望。那一座座辉煌的殿堂和高耸入云的建筑展示了西方建筑的美学与技术成就。因此，许多西方建筑学家看不上缺乏单体高层建筑的中国建筑美学，在厚厚的一本《世界建筑美学史》中对于东方的建筑只提了一下印度。

20世纪初叶一位德国的建筑学家，在暮色苍茫中来到北京。当他步出古老的前门火车站仰望暮霭中的紫禁城时，他竟惊讶和激动得流下了眼泪。他从未看到过一座城

第一章　璀璨的文学艺术成就

市的轮廓线同天平线、地平线配合得那般巧妙。在金色余晖中起伏的远山同逶迤的城墙会合在一起，构成一幅颇具神秘意味的庄严恢宏的画卷。当他浏览了故宫的建筑群之后，深深地被中国独特的建筑美学所折服。

任何人都无法用极简短的文字述说中国建筑美学的成就。

中国古老的天人合一、天圆地方的观念融入了中国的建筑美学。因此，中国建筑从来不以高耸入云的单体建筑来取胜，而是以建筑群体与自然环境、与地平线的关系，建筑群体之间的排列、组合、错落以及结构间的节奏、虚实相映等关系来取得大布局的整体效果与意境，或恢宏，或庄严，或神秘，或雄伟，或空灵。在建筑手法上更吸收了许多中国绘画的意念，营造出许多特有的韵味。

还有些宗教建筑，如寺庙、塔、坛，都在发挥宗教教义和神圣、神秘的氛围上达于极致。比方山西的悬空寺、北京的天坛、应县的木塔等。

皇家园林当然更是建筑的杰作。圆明园毁于英法联

 穿梭世界文明

军的罪恶之火。他们将中国奉献给人类的建筑瑰宝化为灰烬。比圆明园逊色得多的原先为圆明园附园之一的颐和园，单是那长廊，那布局，那园中之园的谐趣园，就够让人惊叹的了。倘使从空中俯瞰，你会看到昆明湖与万寿山正好是阴阳相对的太极图。苏州的家庭园林也极具特色。以小见大，以方寸表现无穷，那韵味让你觉得每一座苏州的庭园都是一首诗或一篇意韵无尽的小说。

自然，还有长城，那可不是一道简单地修在山岭上的长墙。战国时就开始垒砌，秦时将秦、赵、燕所修各段连缀在一起，自汉至明，1000多年来修砌不止，它本身就是历史，是中华民族性格与精神的象征。长城在御敌方面最令人瞩目的一次是抗日战争。存亡绝续，生死攸关，长城上发生过壮烈的抗战，如喜峰口、古北口、平型关战役。物质的长城虽然抵不过飞机大炮，但以它傲然屹立的雄姿为表征的精神长城正是民族的象征和灵魂的支柱。

长城还傲然存在，而商周及战国时代的古台，都坍塌在历史的烟尘中不可考。秦时的阿房宫、汉代的未央宫、

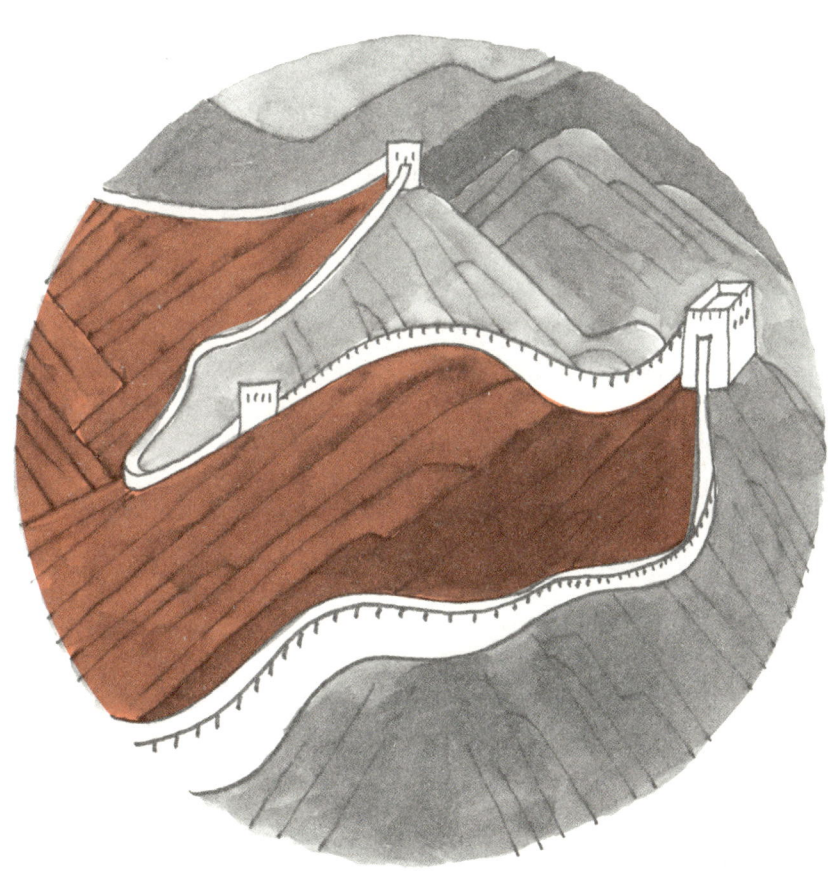

 穿梭世界文明

唐代的含元殿……可以想见，历代的宫殿都是令人咂舌的杰作。可惜，它们已经消失，只留在诗歌与传说中了，连它们是否真正地存在过，也引起一些人的疑问。

如今，全世界都承认，中国的东方建筑美学是世界建筑美学中最令人神往的部分之一。

5. 雕塑

中国的雕塑也闻名世界。

从出土的文物中我们可以知道，商周的许多器皿都是雕塑作品，周鼎的纹饰也是精美的雕塑，秦汉、魏晋、唐、宋等朝代雕塑的成就更加突出。秦始皇陵出土的秦俑兵马阵被称为"世界第八奇观"，据说，每一个秦俑都根据一个真实的士兵做模特，所以秦俑塑像个个不同，都具有自己的个性。那仿佛时时都可以冲锋的待战的军阵，其气势的恢宏，雕塑的精美、生动，令世人叫绝。巨大的佛像、罗汉、菩萨、神怪的塑像更是数不胜数。

云冈、龙门、麦积山、敦煌等地的石窟，保存了自前

第一章　璀璨的文学艺术成就

秦、北魏起始的许多佛像，让人在看到这些佛像时连带产生审美的震惊。宋代的佛像则由泥塑、石雕改为木雕、铜铸、玉雕和铁铸，如正定隆兴寺的铜造观音大立像和木雕佛像都表现出雄伟的气派。那些凿山而刻的佛像如四川乐山的大佛、大足的石刻，以及许多摩崖石刻，都使世界各地的艺术家激动不已。

中国古代的雕塑，除了宗教题材作品和为帝王殉葬而创造的作品外，还有一些世俗题材的作品。从各地出土的文物中可以看到各种风格迥异的供养人俑、说唱艺人俑及不同身份的人物造型，牛、马、狗、猪、熊、虎、狮等动物塑像。四川三星堆出土的各种人物造型，具有生动奇特的表情，长袖而舞的形态，极为动人。其中一尊巨大的头像，眼珠从眼眶内凸出，甚为怪异。他的含义和身份至今学者还在讨论。汉代的英杰青年、二十几岁就不幸病死的大将军霍去病，其墓在今陕西，墓前的石雕，可说是世上少见的杰作。各地摆设的石狮、石兽，说明中国古代的城市中并不缺乏城市雕塑。卢沟桥上的石狮据说很难数清，

说明其多,也说明其雕塑之巧。北京北海公园里九龙壁的雕塑也堪称一绝。

但是,同西方的雕塑相比较,中国的雕塑也确有不足之处。让东、西方的雕塑艺术在交流中互相取长补短是现代艺术发展的必由之路。

6. 诗歌

中国诗歌发源甚早,劳动中的号子,祭祀中的祝词,追寻崇高爱情时的抒怀,可歌可诵,遂而成诗。古代的神话传说可算是最早的史诗,也是中国文学的源头。

中国诗歌作品之丰富,诗人之众多,大约居世界之最。中国诗歌中所含的哲思,体现出的美学观和独特的思维方式,都令学者倾倒。而炼字造句之精美,更为天下称道。"大漠孤烟直,长河落日圆"可作为信手拈来的炼字造句的例证。这两句不但对仗极为工整,且用字极为讲究,一个"圆",一个"直",使得词性、词义都呈多元化,表现出幽深、苍凉又不失豪壮的气韵,且画面感极强,以

第一章 璀璨的文学艺术成就

景带情。试想，浩瀚东去的大河犹如一条长长的白练托起圆圆的落日；而无垠的沙漠上万里无云，一根孤零零的烟尘（有人释为龙卷风）笔直地伸向天空，仿佛是个巨大的惊叹号。这景色会激起人们怎样的情感？一个"圆"，一个"直"，两个普通的汉字却营造出千言万语难以说尽的氛围。

（1）《诗经》

《诗经》是中国最早的诗歌总集，其中有许多千古传诵的绝唱，可惜我们再也无法听到这些诗歌当初吟唱的声调，想来也是抑扬顿挫，铿锵委婉，令听者击节的。《诗经》据说是孔子编纂的，分"风"（民歌）、"雅"（国都地区宫廷宴飨或朝会时的乐歌）、"颂"（祭祀的歌曲）三部分。《诗经》开篇就是一首情歌，曰："关关雎鸠，在河之洲。窈窕淑女，君子好逑。"喜欢否定中国传统文化的人总是拿这首情歌开玩笑，说它不是文学。殊不知这短短四句里，包含了文学诸因素：时间、地点、人物、情节、情绪、氛围，还有锻句与押韵，而且是一幅美妙的情爱图。

穿梭世界文明

一个好小伙儿向美丽的女郎求爱，这时候，一群王雎鸟关关叫着仿佛歌唱一般从他们头上飞过，难道这不是顶朴素顶有意境的生活场景吗？孔子能把这首质朴动人的情诗选为开篇之作，至少说明诗应当来自生活中最真实最质朴的情感。他也肯定真挚的爱情，并不假惺惺。《诗经》305篇，虽也将当时一些民歌和诗删掉，但毕竟为后人留下了宝贵的遗产。

（2）《楚辞》

《诗经》之后又有《楚辞》，是战国时代屈原及其后学作品的集结。屈原的想象力极为丰富，一篇《天问》，上穷碧落下黄泉，思绪时而冲上云霄，时而下潜湖底，或是与神祇对话，或是与先人的灵魂探讨问题，俯询大地，仰问长风，发出对生死这大问题的探讨。生与死是哲学头等重要的问题，在文学中第一个提出这个问题加以探讨的便是屈原，早于但丁的《神曲》，更早于莎士比亚的《哈姆雷特》。《楚辞》中纵横排宕的文思与诗句，浪漫多姿的想象，天上人间地下，"立体"人生境界的探索、描述，澎

第一章 璀璨的文学艺术成就

湃奔涌的爱国爱民爱故土的情怀,代表了摇曳多姿的楚文化,给后世中国的诗歌以巨大的影响。

(3)两汉乐府、魏晋南北朝诗歌

《楚辞》之后,有两汉乐府,这是民歌体的诗歌,其中许多活泼质朴的诗作流传至今仍旧脍炙人口。《古诗为焦仲卿妻作》(《孔雀东南飞》)也是传诵不绝的爱情悲剧故事,其中不少佳句,如"孔雀东南飞,五里一徘徊",至今仍极富生命力。

魏晋南北朝的诗歌领一时之风骚。曹操与他的两个儿

子曹丕、曹植，都是大诗人，合称"三曹"。曹操的诗句"老骥伏枥，志在千里。烈士暮年，壮心不已"，成为与中国文学同在的佳句。曹植的"煮豆燃豆萁，豆在釜中泣。本是同根生，相煎何太急"据说是在七步行走之中吟就的，它在后世常常被引用，以申委婉的胸怀，不要发生"兄弟阋于墙"的不幸。民歌也十分盛行，艺术成就很高，《木兰辞》几乎家喻户晓；鲜卑族的《敕勒歌》则反映了游牧民族的生活状况，具有刚劲、质朴、爽朗的特色。

（4）唐诗

到了唐代，近体律诗大为发展，唐诗成了中国文学最多彩的篇章，在文学史上占有极显赫的位置。唐代大诗人李白、杜甫、白居易以及那为数众多的诗人群体，把他们的才智留在纸上传至未来。他们把汉字汉语提高到至美至纯的境地，他们的诗歌将与人类共存。

（5）宋词

唐诗以后是宋词。宋人把这种长短句的诗体运用到出神入化的地步。苏轼、辛弃疾、陆游、王安石、李清照，

第一章　璀璨的文学艺术成就

还有唐宋之间的南唐后主李煜，他们那或慷慨激越，或委婉凄清的词作越千年而不朽。

（6）元曲

元代，诗体演变，散曲甚为流行。马致远、白朴等人的散曲，玲珑可爱。马致远的"枯藤老树昏鸦，小桥流水人家，古道西风瘦马。夕阳西下，断肠人在天涯"几乎老幼皆知。

从《诗经》起，中国诗歌就讲求意境和韵律，富于绘画美和音乐美，具有撼人心弦的激情和令人辗转反侧的缠绵，炼字造句又精美绝伦。更妙的是，在电影艺术诞生之前（电影艺术诞生于1895年12月28日），中国的诗歌竟具有电影的思维，以有声的画面相接（蒙太奇），造成一幅情景交融的画面，描绘出某种特定的或朦胧的意境。例如，唐代张继的《枫桥夜泊》："月落乌啼霜满天，江枫渔火对愁眠；姑苏城外寒山寺，夜半钟声到客船。"简直就是一段声情并茂的电影蒙太奇段落。这样的例子不胜枚举。这不能不说明中国诗歌中借景写情的创作方法何等美妙且极具长远的生命力。中国人这样容易接受电影这一外来艺术形式，和他们久已熟悉并运用自如的艺术思维方式有密切的关系。

近年来，又挖掘整理出中华民族的三大史诗，其中藏族的史诗《格萨尔王》长达100多万行，是世界上最长的诗，也是中华民族的骄傲。

（7）散文

散文可说是无韵的诗。中国的散文，秦汉以前多与历史、哲学结合在一起。先秦诸子的著作和历史典籍都是颇有成就的散文。庄周的哲学作品，每一篇都是精美的散文。那汪洋恣肆的思路，活泼的文笔，俏丽的词语，使他在文学史上占有重要的地位。其他如韩非子文章的严谨，荀子文章的周密，都颇见功力。司马迁的《史记》可说是汉代散文的杰出代表。他的文章不仅为后世所称道，而且为以后小说家、散文家所倾慕，他的成就对中国文学产生深刻的影响。汉代还有一位司马相如也是位文章大家，从古就有"汉代文章两司马"的说法。魏晋时代散文中多骈

第一章　璀璨的文学艺术成就

赋，讲究华丽的辞藻、对仗工整的句式，虽然有形式主义的缺点，却也有流传不朽的佳作。这种文风影响也颇深远。唐代王勃的《滕王阁序》可说是六朝骈俪文风流韵最好的作品，"落霞与孤鹜齐飞，秋水共长天一色"的名句将永远成为汉语中文情并茂的明珠闪耀光芒。唐代的韩愈、柳宗元开创古文运动，让重雕琢、尚华丽的文风重归自然与质朴。这一运动经宋代欧阳修等人的推动，成为一股文学革命的潮流，对中国散文的发展有巨大的贡献。唐宋八大家以及明清两代散文大家，业绩卓著，都留下不少名著。

（8）小说

西方的小说、戏剧从史诗中脱胎而来。中国的小说则多从坊间话本演化而出。不少说书艺人为中国小说切近现实、高台教化的传统做出了贡献。唐代的传奇和宋代的话本都已具备了小说的雏形。到明清两代，中国古典小说已完全成熟。著名的短篇小说集"三言二拍"(《喻世明言》《警世通言》《醒世恒言》《初刻拍案惊奇》《二刻拍案惊奇》)

和《聊斋志异》等都达到了极高的成就。尤其是《聊斋志异》，其中许多篇章都是举世公认的短篇小说杰作。作者蒲松龄在小说创作上所达到的高度，绝不逊于俄国的契诃夫、法国的莫泊桑。而在时间上，蒲松龄早于后两位200多年。长篇小说，如《三国演义》《西游记》《水浒传》《金瓶梅》《红楼梦》《官场现形记》等，都是有世界影响的巨著。曹雪芹的《红楼梦》则具有极大、极深的内涵，无论思想倾向性，还是对社会百态的描摹、文学的创造，都经得住时间的考验和持久不断的研究。如今"红学"已成为风靡世界的一个专门学问。

（9）戏剧

现在所存的剧本证实，南宋时中国戏剧已走向成熟，到了元代获得了巨大的发展。元代关汉卿和明代汤显祖的作品达到了极高的水平，《窦娥冤》《西厢记》《牡丹亭》等作品堪称戏剧史上耀眼的明珠。关汉卿这位伟大的剧作家，在自己的"旦本"戏中塑造了许多极为生动的妇女形象。他在《窦娥冤》中借窦娥之口发出了"地也，你不分

第一章 璀璨的文学艺术成就

好歹何为地！天也，你错勘贤愚枉做天！"的怒吼，叱天骂地，矛头直指封建社会制度和统治者。他的精神和艺术成就值得人们永远怀念。

如今，各地的戏曲有360多种。从活的戏剧"化石"贵州的傩戏（假面戏剧）、藏戏、福建的莆仙戏，到被称为国宝的京剧，洋洋大观，简直是一座戏剧宝库。应当继承发扬这优秀的戏剧传统，为全人类的文明做出贡献。

二　中国独特的美学观

只要细心地欣赏中国的传统艺术，就会在胸中涌起许多深奥难解的问题。

为什么在半坡遗址出土的人面鱼纹彩陶盆上，人的眼睛眯成一条缝，而在此之前1000多年的姜寨陶盆上的人面，却大睁着一双圆溜溜的眼睛？是因为人一开始兴奋地观看自己的四周，不断地提问，而1000年后却闭目沉思要弄懂我们的世界吗？他们在创造美上思考了什么？

最早的陶器是彩色的，在姜寨遗址竟然发现了6000年前的一套完整的绘画工具：带有盖子的石砚，一根研磨棒，还有一个盛水的陶杯，甚至还有已裂成四块的红色颜

第一章　璀璨的文学艺术成就

料，那是三氧化二铁的天然矿石。这说明中国的先人早就对颜色——最早是红色——有了从感知到运用的经验。可是，后来，先人们制陶的技术更加高超，却舍弃了五彩只留下了黑色。黑陶文化优于彩陶文化，这是史实。难道先人们从混沌的黑色中领悟到了比五彩更丰富的色彩吗？中国绘画中黑与白以及黑色中浓与淡、枯涩与湿润的关系极为讲究，变化多端，是否与先人那"黑"即全色的认识与独到的领悟有关？

为什么陶器上的花纹越来越简单，最后只剩下线条让人们想象？

为什么同大巴山的悬棺之谜一样，先民们把壁画留在人迹罕至的荒僻地区，让那些精美的艺术同荒漠、风沙、峭壁一起度过漫长的岁月？

为什么千古传颂的中国绘画杰作，大多是几根疏竹，几枝虬梅，几许松柏，几叶兰草，几只鸦雀，几羽翎毛。即使奔马，也只有几匹。虽有鸿篇巨制对繁华市井生活的描绘，但它们在艺术上的声名地位却不如上述简约之作？

穿梭世界文明

　　为什么中国的建筑多生动的飞檐，而又偏在山水之间、莽莽平原上迤逦排列，参差错落？北岳恒山上有一处驾临深渊之上的悬空寺，上下都是峭壁，只凭几根木桩支撑了千年岁月。为什么选这么个令人心惊胆战的地方建造寺庙？

　　为什么陈子昂一首短诗《登幽州台歌》——"前不见古人，后不见来者。念天地之悠悠，独怆然而涕下"竟被传诵至今，而且还将传诵永久？为什么连刘邦的"大风起兮云飞扬"这么一句诗，也被一赞再赞，几乎妇孺皆知？为什么李白的诗更多是讴歌江山水月，却赢得千古的称颂？

　　为什么中国的戏曲，布景简单到近乎无，而脸谱却百态纷呈，让所有的看客都怦然心动？

　　为什么中国传统的音乐，一笛一箫，一把二胡，一只琵琶，却营造出诸多氛围，而最被称道的曲子，竟是《高山流水》一类"清淡"的乐曲？

　　类似的问题可以提出许多许多。

　　中国的艺术贯穿着中国独特的美学观。既然中国传

40

第一章　璀璨的文学艺术成就

统的哲学认为天人合一，当然就极重视人工的创造同自然的和谐，讲究人的灵性在自然中受到陶冶升华。因而，中国的艺术大致走出一条简约——繁华——简约的道路，由简到繁再到"洗尽铅华"，重归质朴、自然，这是更高层次的质朴。所以，中国的美学观把返璞归真视为美的最高境界。只有在艺术品前调动起所有的想象力，从简朴中领悟到万象，从单纯中体味到多彩，才算有了美的灵性。因此，简略生动的线条，以及由此产生的绘画、书法、雕塑、建筑、舞蹈都是美，而不加雕饰的农民画，手工艺人

穿梭世界文明

的泥娃娃，也是美。只要朴实、真切，充满想象，便被中国人所欣赏。这同强调人的力量、威严的艺术，是两种不同的美学观。

正因如此，中国的建筑讲究虚实结合，移步换景，借景生情，极力保持建筑与自身环境的协调。

陈子昂的短歌，正好说出了中国艺术家面对荒野上苍凉的古台所想到的悠远的历史，把横向景物同纵向的时间流程联系到一起，而生出自然与人类社会生生不息的感叹。这感叹触动了中国人特有的历史感，因而令人永久地复述。"江畔何人初见月，江月何年初照人"的感叹，也是中国哲学在文学中的渗透。一个没有悠远历史的民族是难以发出这样的喟叹的。中国古典文学中对寂寥的歌诵，具有极深的意韵。"大象无形"，在寂寞中含有无尽的声响，无尽的繁杂，恰如吸收了一切颜色便是黑色一样，声与色的高度融合便是寂寥，时空万象的混合也是寂寥，这便是中国先民从佛学中转悟到的"空即有，空即色"的观念。这种观念常使创造者和审美者一旦陷入幽远的情思而不由

第一章　璀璨的文学艺术成就

得潸然泪下，这是中国古典文学中常有的神韵。

所以，中国人会用彩色、线条搭配成脸谱象征忠奸贤愚，这是所谓"象征主义"；又能用手脚、身体的律动构成流动的线条来表现复杂的情绪、思想，用想象来替代真实的布景，这又是"抽象主义"。这正是深邃的中国哲学所培植的丰富的艺术想象。

这个由简到繁再到简的艺术过程，走过漫长的路，而成为一个民族的共识。这就是为什么中国的艺术无论什么门类，都具有共同的特色与魅力的原因所在。返璞归真、崇尚自然、生动、平衡、和谐，是中国艺术的真髓。从这里出发，中国的艺术有几个独到之处。

第一，中国的艺术作品，尤其是文学与戏剧特别讲究道德评价。所谓高台教化，主要是指作者对所表现的人与事在道德上的臧否。对人物的道德评价是决定其为"好人""坏人"的根本条件。这虽然有时未免使人物不够"立体"，但匡正世风、"干预生活"的传统却是极为鲜明的。

第二，既直面现实、贴近生活，又充满奇瑰的想象。

从古至今流传下来的中国艺术作品，几乎都密切地反映着当时的生活，但又用种种绮丽的想象来表达自己的理想，所以，梦幻、神鬼、异域乃至"乌托邦"，都是中国艺术中表达理想的常见手段。

第三，作者同自己营造的艺术总有适当的距离，在其中又不在其中，即所谓的"间离感"，这是中国艺术中独有的魅力之一。无论是壮美、柔美、凄切哀婉之美、悲恸欲绝之美，作者都一面身在其中，体验这情绪，张扬这氛围；但另一面又身处其外，从容地欣赏自己手造的各种各样的境界，乃至欣赏自己的创造力。倘欣赏中国艺术品时不能掌握这分寸，就很难领会中国艺术家的内心世界。

第四，中国的艺术品极为讲究调动欣赏者的想象力，务使看客听者介入创作。中国艺术品忌"满"，而要留下许多空白让看客填补。所以从"接受美学"的角度对待创作，是中国艺术品久已有之的传统。在历史上，中国文艺家，政治性的社团常见，而流派性的结社不多，就是因为中国文艺家都力求与"受体"和谐，追求创造者欣赏者的

第一章　璀璨的文学艺术成就

和谐统一。

第五，中国的艺术讲究"表现"，不大讲究"再现"。因此，中国的艺术特别强调创造者对生活的体验、认知与感受，强调用自己的方式传达出、表现出自己的理念。所以，象征、抽象等手法就成为自然的事情。

三 中国传统艺术对世界的影响

中国的艺术是世界艺术的一部分。所谓世界的，即应是各国各地域各民族的。没有中国艺术的"世界艺术"至少是残缺的。中国的艺术历来向所有的艺术打开大门。但是所有的外来艺术几乎无一例外地经过一个被中国人融会、改造的过程，使它本土化，使它能为中国人所接受。凡是经历了这个过程的，便被中国群众所承认；凡是没有经历这一过程的，便难以在中国立足。所谓"民族化"，一是张扬本民族的传统，一是将外来文化消化吸收变为本民族文化的一部分。中国文化的博大精深，正是吸收外来

第一章　璀璨的文学艺术成就

文化，又扬己之长而形成的。

中国艺术在吸收外来艺术的同时，也影响着世界艺术。在近现代艺术中，我们至少知道有几位大师是从中国艺术中获得过巨大启示的。

穿梭世界文明

梅兰芳这位中国京剧艺术大师曾经赴欧洲演出。20世纪30年代他的莫斯科之行，震动了有悠久艺术传统的苏联。梅兰芳表演的京剧，其结构及程式的魅力，大师本人水袖舞蹈那变化多姿的美的线条，震惊了电影大师、蒙太奇语言的创造者之一爱森斯坦。他的蒙太奇句法同中国京剧的结构与程式那样相似或相同；他承认他的电影画面设计思想，很多来自东方的绘画，现在他知道，原来他钟爱的日本绘画源自中国。

梅兰芳的京剧，同样也让德国的戏剧大师布莱希特惊奇。京剧简约的程式，间离效果那样强烈的表现手段，正是他梦寐以求的理想的戏剧。他一直在探索怎样让观众既走进剧情，又能清醒地欣赏剧情的美，现在他终于找到了早已在纯熟地应用种种手段达到这一效果的京剧。于是他借助京剧而创造了布莱希特体系，成为现代戏剧一大流派。

西班牙的伟大画家毕加索认为从中国绘画和戏剧中可以看出颜色有怎样丰富的表现力，对于色彩，中国的艺术

第一章　璀璨的文学艺术成就

家绝对可以给世界以启示。

由于强调创作个性，在很长的时期里，西方一直将创作者视为艺术的"上帝"，受众只能仰承文艺家赐给的甘露。直到20世纪60年代末，德国康斯坦茨大学哲学教授汉斯·罗伯特·姚斯才创建了接受美学理论，指出受众（读者和观众、听众）不仅是艺术作品价值的最终实现者，而且还是艺术再生产过程的动力，将"上帝"的位置腾给了欣赏者。如今，这是文艺理论中最时髦的理论之一。我们难以断言，汉斯教授是否从中国传统艺术中得到什么启示，但他发现西方艺术中所缺少的"接受美学"，正是中国艺术中习以为常的东西。只是中国的古典文论中还没有把这些观念系统化而成为一门学问，这是要向"接受美学"的创建者汉斯教授认真地学习的。

20世纪末，随着未来学家关于下一世纪是东方文化世纪的预言的出现，一股东方文化热正在勃兴。从音乐到建筑、雕塑、舞蹈、武术，中国文化正在西方大行其道，连西方上流社会女性的时装及礼服也明显地中国化。在一批

穿梭世界文明

中国人"趋洋"的同时,西方人正在"趋华"。这很像"两股道上跑的车",不过,轨道是相接的,东西方优秀文化的相融互补,是迟早都会到来的事。

第二章

优秀的军事文化

第二章　优秀的军事文化

中华民族崇尚和平，但在民族统一的过程中，在历史朝代的嬗变中，在抵御外侮中，同样有铁马金戈，战火烽烟。所有国家都有自己保障安全的理论和军事战争的学说。数千年的历史，也蕴含着连绵的战争，使中国的军事文化也格外丰富和独特。中国传统的哲学和政治学说成为中国军事文化的核心，许多精辟的论点令各国军事家折服。春秋时代的大军事家孙子的著作《孙子兵法》，被译成许多种文字，被联合国教科文组织列入中国代表作丛书。

一 独特的传统战争哲学

"不战而胜"

普鲁士人克劳塞维茨写于19世纪上半期的《战争论》，是世界公认的军事学杰作。克劳塞维茨说："战争是一种暴力行为，而暴力的使用是没有限度的。"在这一理论指导下，西方许多军事家倾向于军事力量的无限制使用，重视武器，崇尚"完全"的征服。但在核武器出现后，许多军事家不得不考虑"无限制使用暴力"理论的准确性。因为无限制的暴力可能会导致自我毁灭或同归于尽。于是，20世纪60年代战争"逐步升级"理论出现了，力求"不战

第二章　优秀的军事文化

而胜"。

"不战而胜",是中国古代军事理论的重要思想。提出这一理论思想的孙子(名武)约生于公元前500多年,与孔子同时代。他为齐国人,后又至吴国,与伍子胥一同辅佐吴王阖闾,在吴国兴起的历史过程中起了强有力的作用。他的卒年已不可考,只知道他的墓就在苏州城东门外,他的灵魂依旧行散于他施展才华的土地上。在这里,他写出了至今仍让世界叹服的著作——《孙子兵法》。

还有一部兵法是另一个孙子——孙膑所著。孙膑据说是孙子的后代,比孙武迟生100多年,仕于齐,故又称齐孙子,以与仕于吴的孙子相区别。《孙子兵法》13篇为吴孙子(武)所著。1972年4月,在山东临沂银雀山一座西汉初期的墓葬中出土了一部《孙膑兵法》,使它在失传1000多年之后重见天日,证实了两位孙子有两部《兵法》,都是中国文化之瑰宝。

《孙子兵法》中有一句令世界军事家倾倒的话:"是故百战百胜,非善之善也;不战而屈人之兵,善之善者也。"

穿梭世界文明

打败人家并不是什么好事，只有不打就让人家的军队服从你，那才是好上加好。孙武主张首先用谋略去战胜敌人，其次是在外交上制服敌人，再次是进攻敌人的军队，最后才是攻城略地。这说明孙子的战争"逐步升级论"要比20世纪60年代的战争"逐步升级论"早了2000多年。

中国的兵法之所以崇尚"不战而胜"，是因为对战争有深刻的认识，对战争的后果有清醒的评估。

老子说："兵者不祥之器，非君子之器，不得已而用之，恬淡为上，胜而不美。"他所说的"兵"，有学者释为"兵器"，但也可引申为战争。他认为战争不是什么好事情，只有不得已之时才能打仗。应当把战争放在更大的目标之下，审慎地思考，冷静地处理。不争不斗，恬适平淡的日子才是好日子。

孙子认为战争必将严重地损耗国力，而且在复杂的环境中很难保证不会有人乘机而取得战争的好处，战争过后，就算能干的君王有时也难以收拾局面而善其后。

既然如此，战争不能有又不能没有，因此，中国的哲

第二章　优秀的军事文化

人主张战争必须受"仁"与"道"的控制。这就是中国兵法中独特的哲学思想。

老子说：凡以"道"辅佐君主者，绝不以战争称霸于天下。政事与国事、人事都便于融通转圜，易于解决。须知，打仗可没什么好处，争伐所至，遍地荆蒿，庄稼不生；大军过后，残杀、恶斗与混乱必定接二连三。

孙（武）子说真正会用兵的人，一定会保证生活与和平的秩序、法则，所以能掌握克敌制胜的政策。有道的智者能使君民上下有同一的共识，可以为那共识而生，而死，从不畏惧艰难险阻。

孟子说，仁人君子必无敌于天下，以仁者之师去攻伐不仁不义者，必能胜利，而不至于弄到血流漂杵的地步。他的"仁人无敌""得道多助，失道寡助"的名言，几乎所有的中国人都耳熟能详。

中国传统的政治文化中，历来讲"民本主义"，认为"民为邦本"，"水能载舟，亦能覆舟"。所以，在中国军事文化中，战争是否要进行，其价值标准则是是否有利于民。古代的兵法《司马法》中说："攻其国，爱其民，攻之可也；以战止战，虽战可以。"倘若攻打他国，而爱护他国的百姓，那么攻打就是有仁有道，可以放手去攻打；用战争制止战争，虽说是打仗，但于理于情都说得通，可以去打。又说："战道，不违时，不历民病，所以爱吾民也。"战争之道，在于虽然不得不为，但应不误农时，不在疾病流行时兴兵作战，这也就算爱护自己的民众了。

"义"的原则

春秋战国时代，诸侯争霸，"春秋无义战"。这血腥的事实使得先贤特别强调战争的性质。可以说，中国传统的军事思想中强调"义"的原则，正是对历史教训参悟的结晶。

所以，中国军事家总是重视战争的性质是否"正义"，战争的名义是否"爱民"。因此，"吊民伐罪""救民于水

第二章　优秀的军事文化

火""解民于倒悬""只诛罪魁祸首，不罪平民百姓"等，就成了战争中常用的口号。正义之战可为之，而非正义之战不可为。正义之师，师出有名，为历代军事家所重。认为这是取胜的根本，是士气高昂的基础。

中国的军事哲学，首先判定战争的道德标准，以"义"为准。西方的战争哲学则多以"利"作为取舍的标准，这是二者最大的不同，是不同价值观念的反映。中国的军事文化以"仁""道"作为控制手段，不使战争发展到无度的状态，不迷信武力，更不无限制地使用暴力，而致力"不战而胜"。这种古老的战争哲学今天又焕发了青春，激发起军事家的灵感。

二　军事文化中的谋略思想

大战略思想

克劳塞维茨说："战争无非是政治通过另一手段的继续。"这个观点被普遍接受，成了世界各国政治家、军事家指导战争的基本出发点。当用和平手段无法解决政治问题或政治斗争激烈到无法调和时便诉诸战争，而战争的目的则是使政治问题按照一方的意愿获得解决，这是克劳塞维茨的战略观。

《孙子兵法》开宗明义第一句就说："兵者，国之大事，死生之地，存亡之道，不可不察也。"将战争看作国

第二章 优秀的军事文化

家、民族整体的一部分，是民族绝续的大事而加以考虑的思想，是中国传统军事文化中的大战略思想，要比克劳塞维茨的战略观审慎、深刻、全面得多。不管政治的斗争何等尖锐、激烈，在诉诸战争前都要考虑国家、民族生死存亡、兴衰绝续之利弊，而不得轻易动武。这不仅表现出中华民族爱好和平的本性，而且表现了对战争这个人类怪物的更深刻的认识。所以，英国的军事理论家利德尔·哈特在对比了克劳塞维茨和孙子的战略观点后说："在过去所有军事家中，唯有克劳塞维茨可以与孙子相提并论。然而，克劳塞维茨著书立说时间比孙子晚了整整2000多年，但他在观点上却比孙子落后，而且有些观点已经过时。相比之下，孙子看问题更加敏锐，更加深刻，他的学说具有不朽的生命力。"

中国独特的军事文化中，重视整体大战略的思想在孙武之前就早已有之。春秋时代托名为姜尚（姜太公）所著的兵书《六韬》就是从政治、教化、谋略、外交、军事等诸多方面论述一个国家的大战略的。《孙子兵法》中说："故经之以五事，校之以计，而索其情。一曰道，二曰天，三曰地，四曰将，五曰法。"即从政治、天时、地利、将帅、法制上考虑，制定战略的整体大战略思想。《孙子兵法》传世13篇，计：始计、作战、谋攻、军形、兵势、虚实、军争、九变、行军、地形、九地、火攻、用间，实际上是将政治、外交、心理等诸因素用于战争，很有现代"总体战"的大模样。

在这种思想的熏陶下，中国产生了一代又一代的大战略家。春秋战国时孙武之外还有孙膑；汉高祖刘邦曾赞许军事家张良"运筹帷幄之中，决胜千里之外"；韩信、曹操也是著名的兵家；三国时的诸葛亮更被形容为智者的化身，他总是从政治、经济、地理、文化乃至天时、地利、人和诸方面对战争进行全面的大战略出发，预知未来政治、军事发展概貌。这一传统使中国2000多年来有文化、有谋略，懂政治、懂军事的战略家层出不穷。他们被称为"儒将"，与那些能征惯战的武将相配合，演出了一出又一出的精彩的战争活剧。所谓"文韬武略"便是这种结合得

第二章　优秀的军事文化

最好的概括。

谋略制胜

中国传统的军事文化除重视大战略外，还重视谋略。如三十六计就是极好的典型。力求以谋略制胜，以达到不战而胜的精彩境界，最大可能地减少战争的损失。

中国的战略家从来都把"仁"即正义作为谋略的道德标准，以谋略取胜而屈人之兵，便是"仁"。谋略而胜是战争的最高境界。所以，战争是智慧的竞争，只要为了"仁"，可以尽情发挥军事家的智慧才能。"兵者，诡道也。"所以中国军事文化中的谋略不是无原则无道德的狡猾，而恰恰是维护"仁""义""道"的手段。因此，2000年来，军事家使用谋略从未引发过大的道德争论。因为军事家在使用谋略上有个共识，即谋略为仁，而不讲谋略、一味征伐才是不仁。孙子说："凡兴师十万，出征千里，百姓之

穿梭世界文明

费，公家之奉，日费千金，内外骚动，怠于道路。不得操事者，七十万家。相守数年，以争一日之胜，而爱爵禄百金，不知敌之情者，不仁之至也，非人之将也，非主之佐也，非胜之主也。"

可见，孙子极重视"知敌之情"。知敌情，便要先知，"先知者，不可取于鬼神，不可象于事，不可验于度，必取于人，知敌之情者也"。要先知，就得从知敌情的人那里去取得敌情资料，于是间谍就成为必需；于是就有了世界上最早的间谍理论——《孙子兵法·用间篇》。

"知己知彼，百战不殆"是孙子的名言。为了知己，就要研究自己的全部情况；为了知彼，"情报战"就成了头等大事。在公开与隐秘的情报战中，我们应当牢记的是谋略的基础——"仁"，即正义。

三 军事文化对世界的影响

《孙子兵法》在战国时广为流传。大约在公元8世纪时，《孙子兵法》传入日本，奈良时代的吉备真备把《孙子兵法》带回日本，并且向当时的宫廷讲授。日本战国时代的军事家武田信玄把《孙子兵法》中的"其疾如风，其徐如林，侵掠如火，不动如山"中的"风、林、火、山"四个字写在旗帜上，鼓舞士气。如今日本的连环画还大画特画孙武及其兵法，成为大人、孩子爱看的读物。18世纪后，《孙子兵法》陆续被译为法、英、德、捷、俄等多种文字，受到各国军事家的普遍重视。据说，德国的威廉二世皇帝在看到《孙子兵法》后，痛悔不迭。他认为，倘若

穿梭世界文明

早得此书，他就不会在欧洲战争中失败了。1983年2月19日，美联社说美国军方改变了战略，强调速度、机动和深入敌后作战，其理论依据便是《孙子兵法》。2003年美军在伊拉克的军事行动便很有这种战略的样子。

一位西方汉学家写了一本论三十六计的书，只论述了十八计就引起西方巨大的轰动，有的外国政治家也称此书对从政大有裨益。中国的军事文化令世人瞩目，古老的智慧正激荡今人的心灵。

日本的军事评论家认为《孙子兵法》虽古老，却具有非常出色的现代性。于是日本的经济界人士甚而以《孙子兵法》中的谋略制定他们在经济战中的策略。韩国、新加坡等周边国家的有识之士也纷纷把中国的兵法运用于经济，且大放异彩。

中国军事文化的影响早已超出了军事的范畴，中国军事家的谋略思想正在或已经启迪着各行各业人士的灵感。经济上的宏观与微观正是战略与策略的关系；政治家以中国的韬略竞选、治国；股票交易中也谋略迭出，斗智斗勇；

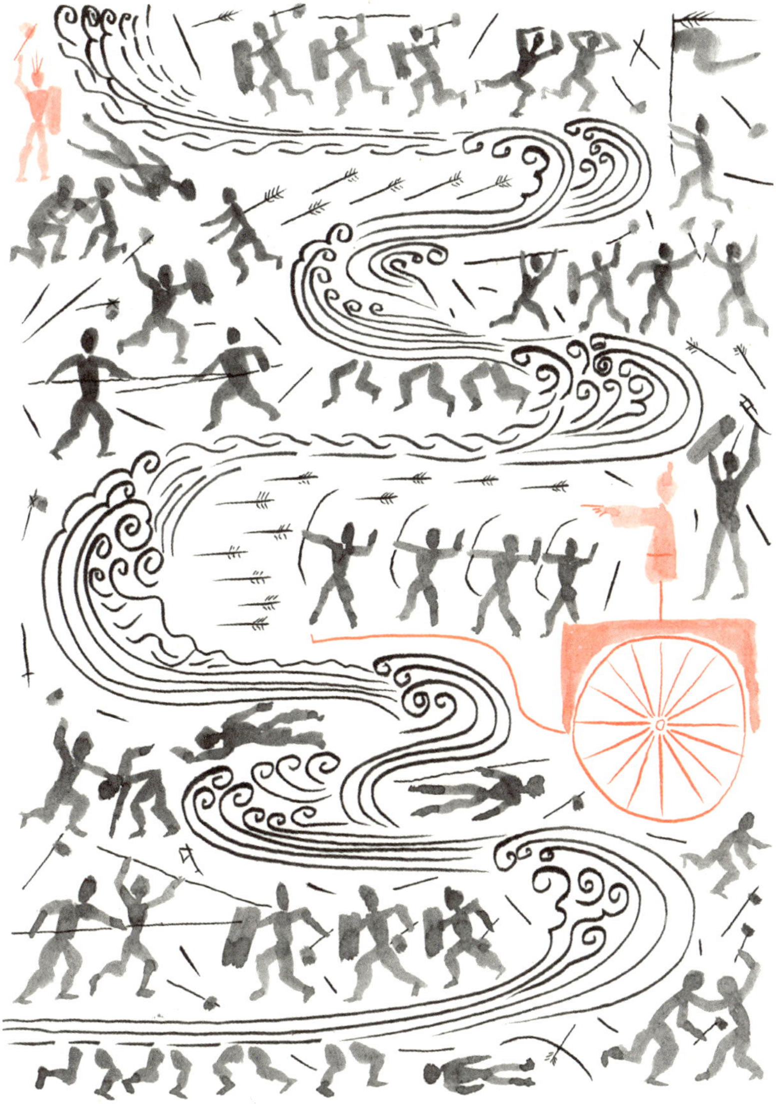

穿梭世界文明

体育竞赛中，运动员出场顺序、战术安排，无不体现谋略；以《孙子兵法》治厂治企业，正成为现代企业家的风格之一。

孙武等兵家若灵魂有知，必在天际微笑，他们的睿智绵延了2000年，还将绵延无尽。

第三章 对人类的卓越贡献

第三章　对人类的卓越贡献

从欧洲暗无天日的中世纪向东方转过头去，可以看见中国文明的光辉是何等的耀眼。当欧洲人被"王权神授"的磐石压榨得几乎窒息、毫无人权可言的时候，中国的民本主义思想已经张扬了十几个世纪。对照中西方的古代社会，天才而又真诚的伏尔泰发出"历史始于中国"的惊叹，就是非常自然的事。热爱人类的伏尔泰把中国的古代社会想象得过于完满，但是中国古代的文明可以向世界提供借鉴，而这文明无论怎样迂回曲折都可以与近代相通，的确是历史的真实。

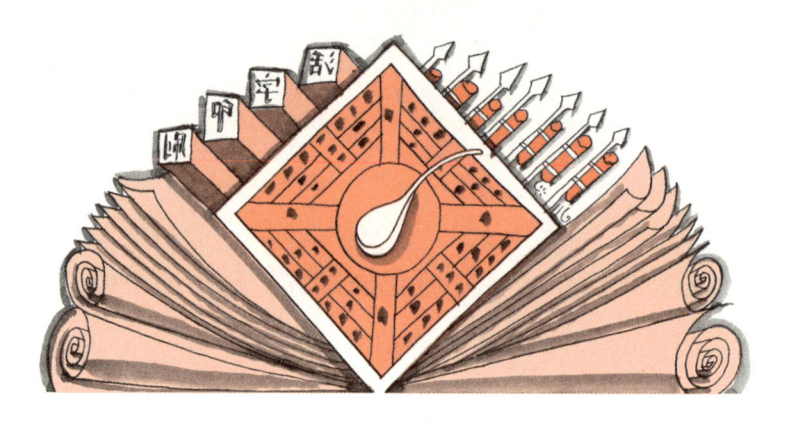

一　古代的四大发明

全世界都知道中国古代史上的四大发明，这就是造纸术、印刷术、指南针和火药。

20世纪80年代初，在中国对待这四大发明曾经有两种尖锐的态度。一种态度将这四大发明变成嘲讽的对象，用以证明中国传统文化的"封建保守"，说：中国发明了火药却用来燃放鞭炮，而西方却制成炮弹、火炮攻打中国；中国发明了指南针却用来看风水，西方却用于航海，坚船利炮向中国打来；中国发明了造纸术，却造不出纸币，只能造冥币，连自己的钞票纸都要从国外进口；中国发明了印刷术却用来印皇历，而书籍的印刷落后西方几百年。

第三章　对人类的卓越贡献

另一种态度是简单地驳斥第一种，曰："数典忘祖。"

近代中国的落伍与被欺凌是惨痛的事实，中华民族的复兴是全民族的愿望。为了寻找落伍的根源，中华民族开始了全民族的自省和反思。这是人类史上极其罕见的事。一个民族痛彻心扉的反思甚至到了自虐的程度，鞭打自己的灵魂，考问在天的先灵。于是否定和嘲讽过往的一切甚至自己的光荣都成为一时之尚。当这燥热的旋风渐趋平息之后，人们才发现在爱恨交加的晕眩中所发出的指责和痛斥，有许多是欠分析的，是非历史主义的，有的简直就是同史实相悖，以自己的主观感慨代替历史的真实。但愿如今还在这路上徘徊踟躇想蹰蹰而行的人，停一停脚步。

四大发明及其远播世界的事实，颇能说明问题。

造纸术　从出土文物中可以断定，在西汉时期就出现了用植物纤维制造的纸了。依照历史的记载，发明用植物纤维造纸的人是东汉的蔡伦。其实，他大约是将前人用纤维造纸的经验加以总结改进、发扬下去的人，而不是发明者。纸大量用于书写当在魏晋之后。唐代，中国的造纸术

穿梭世界文明

传入阿拉伯。公元12世纪，阿拉伯人征服西班牙后，在那里设立了造纸厂，把中国的造纸术传到西班牙，渐渐流传到整个欧洲。

印刷术　印刷术的发明年代应当是隋唐时期，那时是雕版印刷。到公元11世纪中叶，也就是宋仁宗庆历年间，毕昇发明了活字印刷技术。大约元朝时，活字印刷术逐渐由中国传入朝鲜、日本、欧洲。15世纪中期欧洲有活字印刷术，其原理同中国的没有多大差别，却比中国晚了约400年。

指南针　宋朝初期有了指南鱼，不久便发明了指南针，而且把它广泛地应用于航海业。北宋时，大批装备了指南针的海船往来于南海、印度洋等海域。阿拉伯人乘中国船只到中国做生意，也学会了指南针的制造与使用方法，并传播到欧洲。指南针由亚洲经阿拉伯传到欧洲，对整个世界的航运业起到了巨大的推动作用。

火药　火药的发明人是一批炼丹的术士，大约在唐朝以前就制出了火药。但是发明者的名姓已不可考，连发明

第三章　对人类的卓越贡献

的确切年代也无法弄清了。大约在公元八九世纪的时候，中国的炼丹术传到了阿拉伯，制造火药的主要原料硝石也传到阿拉伯、波斯等地。但是直到12世纪以后，阿拉伯等国的史籍上才提到硝石，名字叫"中国雪"，波斯人则称硝石为"中国盐"。制造火药的方法可能是在南宋时才传过去的。大约在公元13世纪时，中国的火器和制造方法才传到阿拉伯。阿拉伯古兵书上称，火器有两种：一为"契丹火枪"，是和敌人交手时用的；另一种是"契丹火箭"，

穿梭世界文明

是远射用的。"契丹"是那时阿拉伯人和某些民族对中国的称呼，所谓"契丹火枪"就是中国火枪。热兵器的发明权也属于中国。阿拉伯人又把火药和火器的制造方法传给欧洲人。这时，中国人已经使用火药、火器几百年了。

中国人有四大发明，但制造与使用的技术也确乎曾被技术先进的西方超越，这原因是复杂的。但是智慧勤劳的中华民族不会自甘落伍，在一些领域中依旧保持着独步世界的地位，如宣纸的制造（据说这技术也被"交流"到外国，洋宣纸正倒流回来）。有些领域又再度领先，例如中国是第一代黑色火药的故乡，也确曾受过西方列强火炮的轰击；但今天中国又在乳化炸药的研究上领先于世界。火药的故乡今天又向世界输出制造最新一代火药的技术了。

二　中国历史上其他发明与贡献

主要发明与贡献

中国人的发明绝不仅仅这四个。中国在悠久的历史中向世界贡献很多，无论是自然科学还是社会科学，中国都对人类奉献出自己的智慧。

1. 文官制度

如今风靡世界、被公认为是最完备的文官制度，其实是中国古代社会的创造。自秦汉以来的2000年中，中

穿梭世界文明

国的政治有中央官制、地方郡县制、铨选制、科举制、晋升制、回避制、俸禄制、考课制、监察制以及各种文官立法，形成完备细密的政治制度。中国灿烂的文明，与这种有效的管理体制有关。伏尔泰说："人类智慧不能想象出比中国政治更优良的组织。"面对组织近代国家政治机构任务的西方学者都极力主张效法中国的文官制度。19世纪，英国议会的大门终于向中国文官制度打开，他们仿行、完善、发展了这一制度，以至于在当代，文官制度成为组织和管理社会的基本原则。孙中山先生早就说过："现在各国的考试制度，差不多都是学英国的。穷源溯流，英国的考试制度原来是从我们中国学过去的。"所以，中国历史上的文官制度，也是对世界文化的一大贡献。

2. 科举制度

自隋唐至晚清，实行了1300年左右的科举制度，如今正引起各国学者、教育家的兴趣。不少人认为在人类社会的考试制度中，科举制度这种不论血缘、年龄、地域，

第三章　对人类的卓越贡献

广泛报名、统一考试、择优录取的考试制度是最公平、合理的。有中国学者说：科举制度也有压抑自由思想、限制学子发挥的缺陷，科举制度"是一个烂苹果"。一位美国教育家反驳说：只要有考试制度就会有标准答案、评分标准，"这样的烂苹果美国也有"。所以，借鉴科举制度的优劣，创造出符合当今时代的考试制度是一个大问题。

3. 道家学说

道家学说，关于对立的阴阳两极又相互统一的观念，给世界的科学家以巨大的启发。

4. 儒家学说

孔子的儒学为人类认识自身与社会以及人际关系、理想社会提供了完备的政治哲学体系。他的"仁"与"礼"和后来孟子的"义"的观念，都给人类以启迪。难怪一些西方学者称孔子是人类思想史上的一个里程碑。如今，联合国教科文组织设立了"孔子教育奖"，这是对孔子"有

穿梭世界文明

教无类"的教育思想的肯定与褒扬。1993年《走向全球伦理宣言》把孔子的"己所不欲，勿施于人"作为伦理金律，这真是大智慧的表现。

5. 八卦

中国的八卦图符号，是二进制。二进制是电脑的基本概念。最古老的中国文化观念长驱直入最新的电脑，这是不是独特的贡献？

其他贡献

从自然科学、技术上说来，中国发明更是蔚为大观。

1. 瓷器

瓷器大约是对世界影响最大的发明。所有的原始氏族都会用黏土烧制陶器，但从陶到瓷，却是中华民族的独特

第三章　对人类的卓越贡献

发明。3000多年前，中国的先民已经在制陶的基础上烧制原始瓷器了。东汉后期至魏晋才有真正的瓷器。从陕西宝鸡扶风镇法门寺地宫出土的文物中，我们看到了1000多年前的盛唐瓷器。据说，波斯人是11世纪开始研究中国的制瓷术的，而意大利是1470年才开始在陶土上挂一种铅釉，但这并不是真正的瓷器。直到1712年法国传教士发现用江西景德镇高岭山的高岭石可以制瓷，并设法带回欧洲后，欧洲人才造出真正的瓷器，而"高岭（Kaolin）"一词成为

穿梭世界文明

全世界陶瓷业通用的名词。

所以今天西方人把英文中的china——瓷器，与"中国"一词并用，既说明瓷与瓷器是中国独具特色的发明，也证明西方人通过瓷更加认识了中国。如今，瓷又作为新材料之一，在建筑、电业、机械等诸方面发挥重要的作用。

2. 丝绸

丝绸是中国发明的。早在史前时期的传说中，中国的先民就会养蚕缫丝织绸，传说中嫘祖就是养蚕缫丝的发明者。当中国人着绸穿缎时，世界绝大部分地区的人还以树叶兽皮遮身。古罗马著名诗人维吉尔想象丝绸是从树上流下来的某种东西的产物，而那时中国已经有了缫丝车、提花织机和五彩套色印花技术，织造出锦、纱、绫、缎、绸等丝织品。

1972年长沙马王堆汉墓里出土了大量丝织品，其中一件完好的素纱单衣，薄如蝉翼，犹如今天尼龙头巾般轻柔

第三章 对人类的卓越贡献

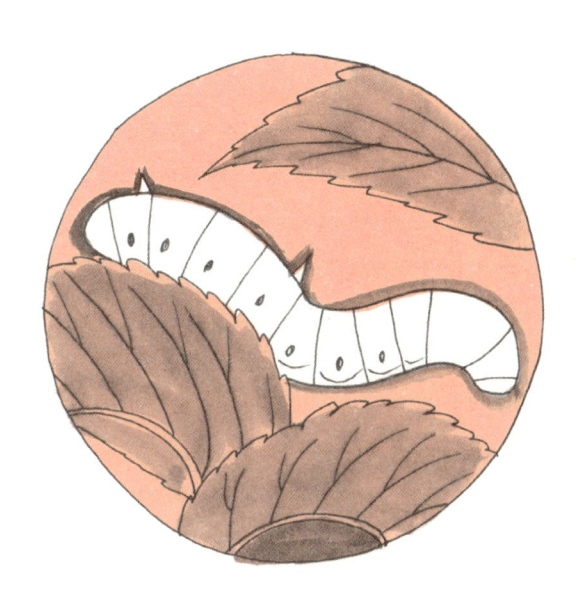

明亮。此衣长128厘米，通袖长195厘米，重量却仅49克。还有色泽艳丽的丝帛画、轻盈古雅的杯形菱纹花罗。

2000多年前中国已经有了高超的丝织技术，而欧洲的贵族则要用同等重量的黄金来买从中国运去的轻柔的丝绸。从陆路到海路由东向西的大道，之所以叫"丝绸之路"，可以说是由丝绸铺成。古希腊、罗马称中国为"Seres（丝国）"。Seres显然是中国"丝"字的音译。现在英语中称丝为silk，就是由Seres演变而来。丝绸将中国与世界联系起来。今天，中国依旧是闻名世界的丝绸之国。

3. 茶叶

茶叶是中国发现的。现在许多国家的语言中对茶的称呼是从中国汉语中的粤语和闽南语转化而成的。中国的祖先使用茶已有4000多年的历史。秦汉时期，中国已经开始培植世界上最早的茶树，生产茶叶。唐代茶树已遍及南方，饮茶习俗已风靡全国。陆羽更写了世界上第一部茶的

第三章　对人类的卓越贡献

专著《茶经》。

公元5世纪，中国茶叶向海外传播，后输入日本、朝鲜。17世纪销往欧美各国，饮茶之风遍及全球。茶与咖啡、可可一起，并称世界三大饮料。赏茶、品茶、论茶，是中国独到的哲学在日常生活中的体现。

中国茶道深深影响了日本，以至于日本把茶道作为国技或国宝。法门寺地宫出土了一整套茶具与器物，证实了唐朝时期使用的茶道器皿与今日日本的茶道器皿完全相同。

中国茶叶按出口茶的类别可分为绿茶、红茶、乌龙茶、花茶、紧压茶等。每类里又分成若干种，滋味各有不同，沏泡的方法也不同。而外国只有红茶等少数品种，茶的大国以及茶文化的兴盛如今也还首推中国。

4. 医药学

中国的医药学也是对世界的巨大贡献。麻醉技术的发展与外科手术紧密相关，在中国，麻沸汤（麻醉药）至少

穿梭世界文明

在东汉时即已盛行。近来中国又向世界药学界提供了黄连素（小檗碱）、麻黄素和青蒿素，为人类造福。中医的针灸、推拿正越来越为全世界所公认。人工胰岛素首先在中国制成，为广大糖尿病患者解除病痛。在医治癌症、艾滋病上，中医药也具有较光明的前景。

5. 石油

中国是利用石油最早的国度。在汉代的史料中已有记载，宋代的沈括正式将它命名为"石油"。而最晚在元代，中国已经打出了世界上第一口油井。过去，中国被嘲笑为贫油国，如今中国的石油和天然气已有较高的产量。

6. 圆周率 π

即圆周长与直径长度的比值。对 π 计算的准确程度是各个时代数学水平的标志。魏晋时的刘徽提出了"割圆术"，即把圆周长按正多边形与直径的比例计算，从圆内按正六边形算起，一次次把正多边形的边数加倍，十二

第三章　对人类的卓越贡献

边，二十四边，四十八边，九十六边。边数越多，正边形的周长越接近圆周长。当他算到圆内接一百九十二边时，得出 π＝3.14124。后来，他计算了圆内接正三千零七十二边形的面积，得出了更精确的 π 值为3.14159。这两个 π 值的精度都超过了阿基米德和托勒密取得的成果。刘徽的"割圆术"是他独特的发明，影响深远，说是第五大发明，当不为过也。

对 π 值的计算，成果最大的是祖冲之。祖冲之（公元429~500年），字文远，范阳郡逎县（今河北省保定涞水县）人，少而博学。当时正值南北朝时期，中原战祸频仍，人口南迁，中国的经济、文化中心遂南移至长江流域。祖冲之一生在南朝（刘宋与南齐）度过，在科学上有极大的成就。他在刘徽对 π 值计算的基础上继续前进，提出了两个 π 率。一是约率22/7，这在他以前已经有人求出；另一个是密率355/113，这个值直到16世纪末，举世所无，为祖冲之所独创。他还求出更进一步的近似值，用数学符号表示，即 $3.1415926 < π < 3.1415927$。

穿梭世界文明

16世纪末，德国人奥托和荷兰人安托尼兹先后得出这个数字，已经是祖冲之谢世1000年之后了。所以，355/113被著名数学家日本人三上义夫称为"祖率"，获得世界的认同。祖率至今还在科技领域里广泛使用，这不是一个奇迹吗？

7．十进位系统

夏朝以十日为一旬，沿用至今。商代甲骨文和金文开始用十三个单字、词记录十万以内任何自然数（一、二、三、四、五、六、七、八、九、十、百、千、万），这比任何印欧语系的文字在记数上都先进、科学、方便得多。这也标志着十进位系统的诞生。

秦汉以后，中国已经确立了完整的十进制体系，较任何古文化的各种进位制度要先进优越得多。现在世界上的基本进位制便是十进制，中国为此做出了卓越的贡献。

根据十进制制成的中国计算器——算盘，当然也是中国的发明。

第三章　对人类的卓越贡献

8. 其他种种贡献

还有，比如真漆的发明与使用；扑克牌，当初产生于中国，按历法而制，后又经罗马教廷改造而风行于世；筷子应当是中国最古老的发明，使用筷子可以有助左、右脑的开发，这是今天科学家的发现。但是，中国人是最早把人类的两大发明——陶器与筷子合并使用的民族。这两件最古老的发明将伴随中华民族至永世。还有风筝；皮影戏，这应该看作是近代电影的先驱；金鱼，将病态的鲫鱼定向培养让它千姿百态供人欣赏，这原本是中国的玩意儿。跟这相仿的是叭儿狗，如今在世界各地受人们宠爱的"京叭"，也是中国的育种匠人长期选育而成的专供宫廷饲养的"宠物"。可惜，今天再找一条纯而又纯的"京叭"犬，难矣，更不用说那雄健的"藏獒"了。还有壁纸、折叠伞、团扇、轿子——后来发展成马车、汽车；马镫、马球、足球——原来是游戏，比谁耍的花样多而球不落地，与今日的看谁踢进对方球门多的竞技足球不可同日而语……按

穿梭世界文明

照各自偏好可以尽数各类发明。这些古代的发明创造，都已经被科技史专家、英国的李约瑟博士写进他的皇皇巨著《中国科学技术史》中。李约瑟博士说："可以毫不费力地证明，中国的这些发明和发现远远超过同时代的欧洲，特别是15世纪之前更是如此。"

炼丹术中的化学工艺、世界上第一个地震仪、遗传育种、最早的天象记录、中国的阴历（包括祖冲之的"大明历"）等，都对世界的历史有深远的影响。

美国学者德克·卜德（Derk Bodde）也感慨地说："倘若没有以上这些东西，我们西方的文明将是何等贫乏不堪啊！有些东西给我们提供了无穷的乐趣，有些东西既富于使用价值，也给人以艺术的享受。还有些东西完全改变了我们的生活方式，成为现代文明的基础。"

中国古代有如此众多的发明创造，不是说中国人格外聪明，只是证明中华民族的古老，她的文明史早而悠长。早出发的人当然比晚走者先有快乐与痛苦，将这些经验和教训说出来，是天经地义的事。中国人可以因此而自豪，

第三章　对人类的卓越贡献

可以增强前行的自信，但不可躺在先人的成就上睡觉。我们应当清醒地走自己的路。

中国向世界贡献了许多，也从世界各地学来了很多，今天依旧向世界贡献自己的智慧，同时，也从外部汲取智慧的营养。中国正是在发挥自己之长和吸收他人之长的过程中生生不息的。今天更应当创造新的中华文明。

三 中国古代的科技思维及其影响

中国传统文化中天人合一，自然与人事相关应、浑然一体的观念，是一种有机的自然观。这种思维使中国发展出一套与西方科技文化不同的体系，它的特点在于整体思维和综合能力，辩证的思想方法。

中医药学是中国科技思维体系的代表之一。

按照中医的看法，人体是个阴阳两极和谐的统一体。阴阳平衡、协调便是健康，失去这种平衡，或阴盛阳衰，或阳盛阴衰，都是不健康的表现。人体是大宇宙系统中对应的小小的系统，它从经络和穴位发现了人体间各个部位

第三章　对人类的卓越贡献

之间的联系，又从阴阳、五行中找出了它们相生相克的辩证关系。东南西北中，晨昏旦午晚，木火土金水，角徵宫商羽（音律：咪嗦哆咪啦）与喜怒哀乐恐，和人体的病相有关，也与药味（酸辣苦甜咸）有关。人体的脏器与皮毛、器官也彼此有关联，如肝开窍于目，心之苗为舌，肺与大肠相表里，胃主皮毛等。因此，中医治病不是头痛医头，脚痛医脚，而要用望、闻、问、切四种诊断方法予以综合性考察。望气色，闻体味，问病史、病征、饮食起居、心情变化，乃至考虑年龄、生活习俗、地域、冬夏季节等，配合切脉，查出病因。投药时，也要讲究地域、给药时间、季节、病人体质、药物之间的"君臣主辅的关系"。一个人咳嗽、患气管炎，中医往往用润肠通便之药，以降肺火，药中甘草一味绝不可少；目赤眼肿之疾，则施以平肝之药。这种辨证施治、整体调节的医术，表现了中国文化中人与自然相谐相融的观念。

中医的针灸经络学说，正是这种思维体系的产物。中华医学、药学保证了中华民族绵延不绝的命脉，使整

穿梭世界文明

个民族日益强盛，它独特的成就正愈来愈受到世界各国的重视。

汉医、藏医、蒙医与朝鲜医学等各分支正汇合成一个统一综合的中华医药体系，成为人类医学的宝库之一。

国民政府曾经明令取缔中医，但禁而不止，中医药依旧大为盛行。新中国成立后，政府施行中西医结合的方针，遂使中医与现代科学和西方医学携手走上了正确发展、更臻科学的道路。

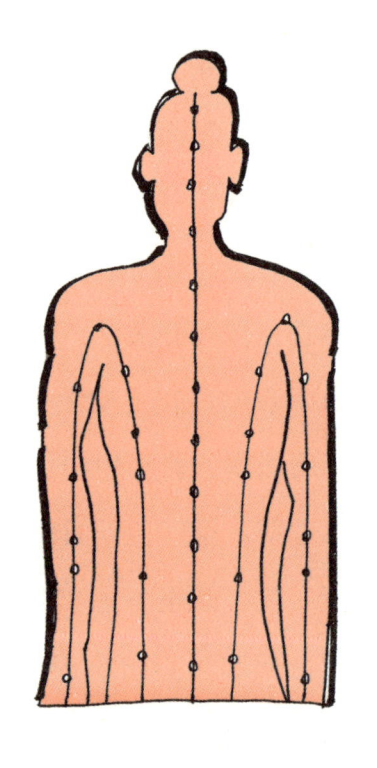

中国古老文化中这种整体思维，普遍联系，相互制约、补充的观点，日益为全世界学者所重视。科学的发展正使处于边缘或彼此交叉的学科成为新的科学门类。混沌学、模糊学的兴起，正好验证了中国古代思维的正确性。

第三章　对人类的卓越贡献

那个彼此融合、联系的阴阳鱼所构成的太极图，正好体现了世界在两极中对立、补充、无限发展的生生不息的本质。1937年，当代量子论和量子力学的鼻祖——丹麦物理学家玻尔（Niels Henrik David Bohr）访问中国，被中国关于对立两极的观念深深震动。他认为原子理论在方法论问题上是中国的道家老子早就遇到的问题。他认识到，中国古老的智慧与西方现代科学之间有着深刻的协调性。于是他选择中国的太极图案作为自己家庭的族徽，终生保持着对中国传统文化的崇尚。

中国古代科技的领先势头，在近代变为滞后，原因很多，中国文化中较少形而上的思维方法也是原因之一。多综合少分析，分类学不够发达，使自然科学的发展不尽如人意。思辨科学发达，又与将科技视为"奇技淫巧"的风气

穿梭世界文明

混杂，形成一种不利于科技与发明的社会氛围。这些都应予以总结，以利开创一个促进科学技术发展的新局面。新的世纪或许正是东方思维再领风骚的年代，这就是为什么老子、庄子的思想再度备受青睐的原因。不少大科学家在自己震惊世界的学术论文前面引述这两位先哲的古老的论述。东西方思维的结合必将引领中国自然科学和技术重新走在先进的行列中。

第四章 光辉灿烂的未来

第四章　光辉灿烂的未来

人类已经进入新的世纪,未来充满诱惑和危机。中国古老而又年轻的民族文明在未来的岁月中究竟能焕发怎样的光彩,这是一个我们必须回答的问题。

在前面的叙述中,我们已经提到这个问题,许多内容也已涉及。现在,不嫌赘言,做一个总结以加深读者诸君的印象,同时也为本书做一个瞻望前景的结尾。

一 中华文明是唯一未曾断裂的古老而又现代的文明

在人类文明的发展史上,曾经有过四大古文明。这就是古埃及文明、古巴比伦文明、古印度文明和中华文明。

古埃及文明在公元前6世纪就瓦解了,她的历史约有3000年。如今只有金字塔在月光下幽然兀立,它的秘密至今仍隐藏在历史的烟尘中。古巴比伦王朝约在公元前1595年被赫梯人推翻,赫梯人的统治又被来自海上的侵略者推翻,曾经光彩灼灼的古巴比伦文明从此烟消云散。古印度的笈多王朝也曾辉耀东方,但是在公元6世纪初被推翻,分裂为星罗棋布的小王国,古印度文明的光彩暗淡了。

第四章　光辉灿烂的未来

这些人类早期的文明，曾经证明人类的先祖是何等智慧与勤劳。如今这些都消失在无尽的时间与空间里，只有少数的文物遗存孤零零地站在那里茫然四顾，追忆着兴盛的往昔，胆战心惊地瞥望着未来。

人类至今所未能消除的最大的罪恶，便是以自己的手去毁灭自己创造的文明，并且连同这文明赖以存在的环境一起毁灭。

逃脱了洗劫之灾的人类古老的文明只剩下中华文明。她历经无数的考验、磨难，始终能从衰微走向发展，悠悠度过5000年的岁月，依旧年轻。怆然回顾，同中华文明一起诞生的古文明兄弟都已倒下，中国在自豪中又难免孤寂苍凉，同时也有继往开来、绝续存亡，将人类文明火炬传至无穷的责任感。中华文明能够述说往昔，将过往延至今日；又能支撑今日，并且将烛火播向未来。她是这世上唯一未曾断裂、一直延续下来的文明。中华文明当然可以担当将从前与未来连在一起的重任。

任何一个民族的文明在发展中都会受到外来文明的冲

穿梭世界文明

击。自身生命力不强的文明势必会在强大的外来文明的冲击下解体，甚至消失。而生命力强韧的文明则在外来文明强烈的刺激下再度勃发，召唤起内在的潜力，重新获得旺盛的生命力。中华文明正是这种生命力强韧的文明。

二　中华文明在博采众长中延续发展

中华文明之所以有强韧的生命力，重要的原因之一是因为她能够融合、吸收、消纳许多民族的文明。

中华文明是在各民族众多文化融合之后形成的。这个过程至今还在进行当中，而且会延续无穷。夏商周时，华夏族就融合了被称为"蛮夷戎狄"的诸部族的文化，又保留了各民族的特色，形成了统一的中华文明。

春秋战国时期，东夷西戎，南蛮北狄，各民族同中原诸族，纷争与融会交集。经500多年的大动荡、大整合，造成了秦汉空前的统一与强大。汉与匈奴争战不已，南迁

穿梭世界文明

的匈奴部落融汇于中华民族之中；"独尊儒术"的政策，又造成以儒文化为核心的中华文明的发展，形成一个兴盛的新局面。

秦汉至魏晋，再到南北朝，中国又经历了一轮新的动荡与整合。这个时期是中华民族内部空前活跃的文化交融期。胡人汉化，汉人胡化；西边的波斯文化及西域诸族文化，北边的鲜卑、羌、氐，南部的苗、黎诸族，各种文化在中原地区交并、汇合，才形成了唐文化的大放异彩。唐代的开放之风，是中国历史之最。佛教、基督教、伊斯兰教同时在中国传播，儒、释（佛教）、道"三教论衡"，展开哲学的辩论。那时的长安可谓真正的世界之都，成了世界各民族各种文化的橱窗。当时长安的百万人口中，有2万到5万外侨和外裔人士，这在今天也是个不小的数字。

隋唐以后至五代，虽战乱频仍，文化仍按其自身的惯性有所发展。至宋代，经由程颢、程颐、朱熹等人的整理总结，逐步形成以儒学为主兼容释、道的道学体系。优点在于使中国传统文化有了一个完整的架构，使儒、释、道

第四章 光辉灿烂的未来

成为中国传统文化的三个支柱。缺点是他们把"天理"与"人欲"对立起来，过分地强调用"理"去剪裁一切事物，对儒家思想的理解趋向僵化教条，无形中扼杀了许多新鲜活跃的思想。

元朝实行"仪文制度，遵用汉法"，对中华文明有所贡献。到了明代，依旧以"理学"体系为主，而"理学"却由于它的僵化从成熟走向腐败，不能适应带有资本主义萌芽性质的城市经济的迅速发展，而具有强烈民主意识和商品经济意识的市民文化却异常活跃。

这种状况大量地反映在明代的小说、戏曲当中。对"道学"

穿梭世界文明

的揭露、批判，对人性美的张扬，对商品经济和新兴商人、手工业者真实的描写，对美好爱情的歌颂，都显示出明代晚期中华文明正面临着吸收新的因素，进入更新一个轮次的融会、整合。

这时期的中国自然科学技术也有新的发展，出现了科学家徐光启、宋应星，地理学家徐霞客，医药学家李时珍等。这时急需一批卓越的理论家、思想家提出适应时代指明方向的理论替代"理学"，促进新生产方式的产生。中国也确实出现了有可能成为这样思想家的人物，这便是李贽（公元1527~1602年，号卓吾）。他尖锐地指斥"理学"，矛头直指孔子。他把由韩愈发端，经宋、明两代大儒，特别是经朱熹所倡行的"道统"，批判得体无完肤。他倡导天然平等之说，认为人人都是现成的圣人、"人无不载道"，提倡男女平等，反对重农抑商。他批判的锋芒可谓继东汉王充《问孔》之后最为尖锐、激烈，因而被诬下狱。他的思想虽犀利，可惜也陷入中国哲学家奇异的怪圈（或述古或批古而少自成一家言的立论），缺乏自己完整的思想体

第四章 光辉灿烂的未来

系,没有像西方启蒙学者们那样成为反对封建主义为资本主义生产方式鸣锣开道的理论家。他也没有分清孔子的儒学与朱熹的理学之间的区别,更没有弄清统治者主张的"儒学"与真正的儒学的区别。因此,他的批孔使许多知识分子误解他,以至有人说他弄到"人人皆曰可杀"的地步。李贽未能再进一步地成为中国具有民主意识的思想家。中国当时更没有形成一个这样的思想家群体,所以,中国也没有如西方的"启蒙运动"那样的思想界的大震荡。虽然世风已经表现出中国历史上从未有过的市民文化的萌动,但严酷强大的封建势力及其理论体系"理学"(道学)压制了这种先进思想的发展。

清代统治者为了稳定政权,实行高压与怀柔并举的政策,在封建集权的同时,也曾尽量保存汉族的社会习惯和传统文化、道德,以缓解民族间的矛盾。因此,在清帝国持续二百几十年的统治当中,学术文化方面也曾取得了不小的成就:古典学派的朴学可与宋明理学前后辉映。

学者黄宗羲、顾炎武、王夫之提倡经世致用,反对虚

穿梭世界文明

谈，学风为之一变；这是对中国知识界长期恶劣学风的一次大扫荡，为新学的输入开辟道路。揭露封建社会没落趋势的长篇小说《红楼梦》和《儒林外史》大放异彩；传奇作品《桃花扇》《长生殿》等也表现了戏剧界的优秀成就；晚清时期兴起的谴责小说《官场现形记》《老残游记》等，在反映改革的政治要求和讽刺官场、酷吏的腐败等方面也做出了贡献；由龚自珍、魏源到康有为的今文经学派，更表现出社会大变革前夕知识分子新的面貌和倾向。从总体上看，清王朝虽有满汉文化的交融，但中华文明内部新的因素毕竟成长缓慢，加以统治者闭关自守，缺乏同外来文明的交融，造成了中国的衰落。

中华文明在发展中除不断融合本民族各支系文化之外，还不断吸收外来文化之长，将它们本土化，成为中华文明的一部分。中华文明从来是博采众长的。

当今世界有三大宗教，这就是基督教、伊斯兰教、佛教，可以说这是世界宗教文化的三大支柱。这三大宗教在世界各地的传播都经历过残酷的战争。而这三大宗教进入

第四章　光辉灿烂的未来

中国却都以和平方式实现，在漫长的中国历史中从未有过真正的宗教战争，而佛教更是中国主动请入的。

佛教在中国几度兴衰，经过禅宗六世祖慧能的改革，完成了"本土化"的过程，变成了地道的中国化的文化，与儒、道一起成为中华文明主流的三大家之一。

对待外来文化，每个民族都会有一个曲折的认识过程。欧洲中世纪的天主教对待异端思想的态度最为野蛮。中世纪史上，几次大的宗教杀戮，都是针对天主教的改革派或其他宗教思想的。宗教裁判所把近代天文学的先驱布鲁诺活活烧死，而利玛窦来中国传教却受到明朝上下的崇敬。利玛窦的天文学说在皇家主持下，与落伍的历法进行辩论，终被事实所验证。利玛窦以后的汤若望，在清朝皇帝顺治的支持下，也在观象台上同当时的钦天监官员辩论，实证天象。他死后，另一位继承他们事业的南怀仁教士监造了许多天文仪器，而今还立在北京古观象台上，成为中国民族科技、天文学的象征。与欧洲暗无天日的中世纪相对立的中国对待"异端"的态度是这样泾渭分明，中

穿梭世界文明

华文明的开化与宽宏博采众长不是很清楚吗？

　　一个是中华传统文化主体的合理性（科学性），一个是善于融合本身各支系文化，再一个是容纳、消化、改造外来文化的强大能力，这便是中华文明生生不息的全部秘密。

三　中华文明与世界文明的多元化

同西方文明比较，中华文明在明清之际开始迟滞。一是本身正需要新的整合，文明正处于低谷状态，而西方却掀起了资产阶级革命，近代文明大加张扬，处在一个"一天等于二十年"的突飞猛进时期。一消一长，使原来领先的中华文明变为滞后。而西方的武装侵略，又打乱了中华文明缓慢调整的进程，中国的落伍就成了合乎逻辑的事情。然而，200多年前的这次掉队，并不意味着中华文明根本上的不行，中华文明的优势与博大精深不能因此而被彻底否定。中华文明需要的不是斩断自己的脐带，彻底地接受西方文明，而应是在诸种文明的冲撞中，审视自己，

穿梭世界文明

扬弃完全过时的东西，将优势继续下去，吸取一切外来文化的精华，创造新的中华文明。

中华传统文明在博采中发展的历史已经显示了它强韧的生命力，中华文明的复兴就是必然的。所谓传统，不是过去，而是一种运动，一种存在，连接过去、今天、未来的历史的流程。中华文明既没有过断裂，也不是跳跃式的发展，而是承接、转进。它传承先人优秀的创造，又不断吸收新的因素而日益完满。这应当是人类文明发展的规律。20世纪20年代，中国正处于贫穷、落后、混乱的状态，但是美国的哲学家威尔·杜兰（Will Dwrant）博士，这位以《世界文明史》而名噪全球的学者，却对中国一往情深。他认为"中国文化乃是世界文明重大成就之一"，他相信中国"有康复和更新的本质"。他说："这个经过3000年历史的国家，在好几次兴衰之后，今天在整体和精神上所表现的活力，我们发现这是个最有创造的时期。"他满怀激情地写道："世界上没有一个民族能像中国那样的精力充沛，那样的聪慧，那样的能忍受灾难和痛苦，那样

第四章　光辉灿烂的未来

的在历史的熏陶下能沉静忍耐和等待复原。这个拥有如此物质、劳力和精神资源的国家，加上现代工业的设备，我们很难料想出可能产生的那种文明是什么样的文明。很可能将会比美国更富有，很可能将会与古代的中国一样，在繁荣和艺术的生活方面，居于世界领先的地位。"这是一位美国人在20世纪中国看来最无望的时候所发出的预言。他站在西方文明中心论的前哨地带却凝视着东方，对中华文明寄予厚望。

中华文明辉煌与暗淡的历史，说明一个真理：每一个民族的文明都必须与时俱进，在同外部世界的交往中吸取一切文明的精华，消化吸收，融为自己文明的有机部分，使自己的文明时时更新，也使自己的文明成为世界文明的一部分。中国先贤所说的"厚德载物"悠悠越过数千年的岁月，依旧闪烁着真理的光芒。

如今，中华文明正经受新一轮的考验，在"全球化"的浪潮中，中华文明是固守过往的阵地，陶醉于先前的璀璨；还是将数千年的积淀全部打翻，扔到太平洋里，换一

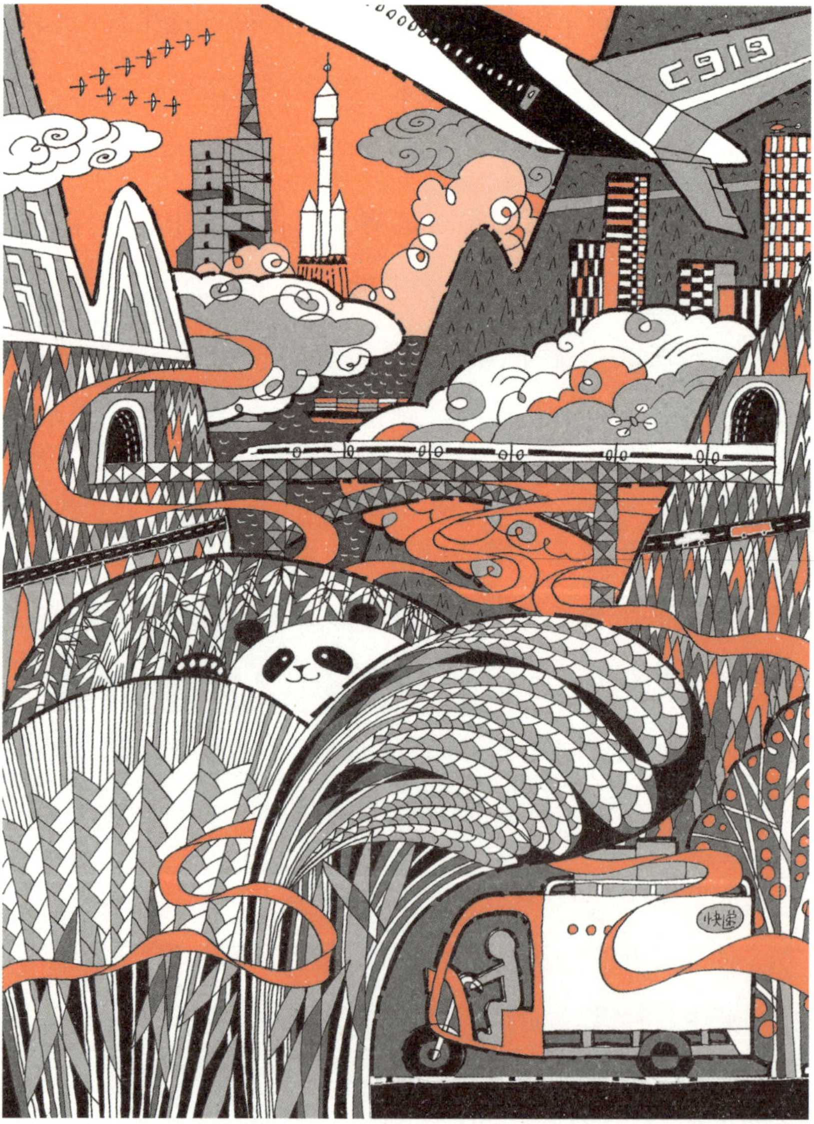
C919
快递

第四章　光辉灿烂的未来

副脑筋成为西方文明的东方克隆版；抑或是认真梳理自己的文明，张扬那些被时空变换所证明为真理的部分，抛弃那些已被历史否定的渣滓，打开门窗，让八面来风，敞开胸怀，吸取所有的精华，创造出属于新时代、新世界的中华文明。答案是显而易见的。中华传统文明，天人合一（宇宙观）、和而不同（终极理想）、自强不息（民族特性）、厚德载物（吸收融合外来文化）的优秀价值观，必将发扬光大更加璀璨。

我们还要建造一个世界所有文明对话的平台，将中华文明的精华提供给人类，为多元的世界文明增添一分光彩。

是的，世界文明是多元的。因为组成世界大家庭的民族是多元的。每一个民族都有自己的特色，都有平等生活在地球上的权利。多姿多彩的文明，才能保证世界的丰富性、多样性。人类需要在彼此的交往中各自奉献自己的文明，同时吸取别人的优长。中国的孔子所设想的"和而不同"的理想境界，正是在充分尊重个体特性的基础上实现

穿梭世界文明

的和谐。一个和谐稳定的世界，必是多元的"和而不同"的世界，没有哪一种文明可以凌驾于所有文明之上，所有的文明都供人类共有共享。

新世界的太阳正喷薄欲出。人类自残和毁灭家园的惨剧，正渐渐退向暗淡的远方。总有一天，人类会埋葬所有的争斗，将先贤超越时空的理想——"大同世界"的旋律发射到太空，响彻宇宙。一个焕然一新的地球家园将在太阳系中周转不息。

人类是有希望的，这希望就在我们手中。

后记

《中国读本》自出版以来收获了许多褒奖，发行数量也在继续上升。在各种读物的滚滚波涛中，能浮在水面上，不致淹死，我知道，这是读者的功劳。倘或没有读者的青睐，这本非小说读物不可能有如此的成绩。现在全世界听见了中国日益响亮的前进的脚步声，了解中国的欲望也一天天地强烈，这就使得这本书获得了更多国家更多读者的认知。坦率地说，这使我在高兴的同时，又有了不安和忐忑：我必须根据不断变化的实情，修改和增删本书的内容，包括资料的变化或者考古学的新发现，都必须跟得上现实的发展，而这种发展简直是瞬息万变。思维、观念尽管常常落后于客观世界的嬗变,但更新也在日月之间。例如,如今时髦的媒体正争先恐后地使用"网络语言"。当然,本书不可能挺立潮头,做这种短命语言的"弄潮儿",在学术上也不会追赶各种观点。但是在各种浮丽的观点中站稳脚跟,既要反映学术最新的进展,又要直陈真理,的确是我的追求,也是我的才力所不逮。我有时瞎想,我这后半生大约都得交代给这本书,时时变化的现实的鞭子会不断地抽打我的灵魂,只要我还想"与时俱进"不欺骗读者,我就得修改本书,直至我与书共亡。或者会想出个办法,例如在书后附加更正细目。不过一想这更正有一天会长达数页,不用说读者,我这作者就先气短。要是更正长过本书,那就是犯罪了。倘或,隔几天就出一本祖国发展新资料及最新学说的册子,这本书也就寿终正寝了。这也算是发展中的"苦恼"吧。

大自然正在教训人类,我们正在不得不渐渐修正我们对客观世界的认识,连带我们对人类自身及社会发展的认知也在变化之中。2011年，日本大地震、海啸和核泄漏所引起的自然环境的变化，必然会引起思想界和科学界的深长思索和观念变化。其实这些变化无时不在，不过有时不这样剧烈或明显。一个思想家、学者、诗人、艺术家，一个政治家，当然应当时时关注这些变化，不断调节自己的认识。但是这需要高的立足点、深的思索，这不是我的长处。我只是愿意不断学习，求新知，向前进，不愧对读者对我的厚爱。这就是我对这本书持不断修订态度的原因。

苏叔阳